修好一颗心

教育写作十二讲

张祖庆

著

长江出版传媒　长江文艺出版社

图书在版编目（CIP）数据

修好一颗心：教育写作十二讲 / 张祖庆著. -- 武汉：长江文艺出版社，2024.6(2024.9 重印)
（大教育书系）
ISBN 978-7-5702-3575-9

Ⅰ.①修… Ⅱ.①张… Ⅲ.①教育工作－文集 Ⅳ.①G4-53

中国国家版本馆 CIP 数据核字(2024)第 098677 号

修好一颗心：教育写作十二讲
XIUHAO YI KE XIN：JIAOYU XIEZUO SHIER JIANG

责任编辑：施柳柳　杨　岚	责任校对：毛季慧
封面设计：天行健设计	责任印制：邱　莉　杨　帆

出版：长江出版传媒　长江文艺出版社
地址：武汉市雄楚大街 268 号　　　邮编：430070
发行：长江文艺出版社
http://www.cjlap.com
印刷：湖北新华印务有限公司

开本：710 毫米×970 毫米　　1/16　　印张：15
版次：2024 年 6 月第 1 版　　2024 年 9 月第 2 次印刷
字数：214 千字

定价：52.00 元

版权所有，盗版必究（举报电话：027—87679308　87679310）
（图书出现印装问题，本社负责调换）

代序　读写，重启精彩的后半生 / 001

第一讲　人，为什么要写作 / 001
第二讲　战胜写作恐惧的三大法宝 / 016
第三讲　串珠成链——如何系统开发写作素材（上）/ 030
第四讲　串珠成链——如何系统开发写作素材（下）/ 047
第五讲　教育写作如何选取切入点 / 056
第六讲　不妨做个"标题党"——题目比文章更重要 / 075
第七讲　写出你的故事与事故——实用故事公式 / 091
第八讲　刀锋行走：教育随笔写作的甘与苦 / 110
第九讲　为何万人共一脸——如何写出人物个性 / 126
第十讲　如何做好、写好自己的微课程 / 149
第十一讲　写好系列文章，打造你的品牌 / 169
第十二讲　你也可以写一本属于自己的书 / 184

后记 / 208

推荐书单：祖庆老师推荐给一线教师的 450 本好书 / 210

  中国古典文学:41 本

  中国现当代文学:28 本

  外国经典文学:62 本

  中外文学史:12 本

  教师阅读地图:6 本

  儿童文学:21 本

  中外经典随笔及学术经典:32 本

  哲学基础:12 本

  历史:14 本

  心理学与自我修炼:29 本

  家庭教育:35 本

  儿童哲学:4 本

  脑与阅读:4 本

  教育理论:28 本

  班级管理:9 本

  自我精进:8 本

  儿童阅读推广与亲子沟通:23 本

  语文教学理论与古汉语修养:23 本

  文本细读与课堂实录:21 本

  教师写作力提升:38 本

代序　读写，重启精彩的后半生

一场特别的"利奇马"

对我来说，2019年8月12日，是具有里程碑意义的日子。这一天，我生命里刮过一场"利奇马"台风。

自然意义上的"利奇马"台风，是从8月7至8日酝酿的。后来，台风在我的家乡浙江温岭登陆。台风又追着我来到了青岛。那时，我正在青岛参加"百班千人读写师大会"。

2019年8月12日凌晨2点46分，我在自己的微信公众号发出了《辞去公职，开启全新的后半生》一文。这篇文章，无疑是又一场"利奇马"台风，它席卷了那一天的中国教育界。当天，文章迅速刷屏，阅读量飙升到28万多。无数朋友打电话询问："祖庆，你怎么了？"

文章评论非常精彩，大部分是表示理解的。

有的人借《肖申克的救赎》经典台词，"有些鸟儿关不住，它的羽毛太鲜亮"来表达对我的辞职的理解。

有些朋友认为，"张老师能为中国教育做出更大的贡献。"（其实，大家太高看我了，我哪里能做出什么贡献？能把自己养活就不错了。）

也有很多人各种揣测，甚至捕风捉影，娱乐八卦。

到现在，还有人问我：祖庆老师，你干教育学院副院长好好的，为什么要辞去公职?

就这样,我貌似很轻松、很淡定、很潇洒地挥挥手;我貌似华丽地把自己的人生切为两段:前半生努力生长,持续前进;后半生与梦同行,劈波斩浪。

酸甜苦辣,只有自己知道。

本以为,我可以风轻云淡地面对一切;本以为,我可以潇洒地继续往前。可一些异样的声音,还是让我猝不及防。我至今都不想重述。

面对杂音,我曾迷茫。夜深人静,常常自问:难道,我做错了?

那段时间,我是非常脆弱的。

后来想想,人不是钢、不是铁,脆弱又怎么了?

承认脆弱,亦是坚强。

无论走向哪里,无论风霜雨雪,无论白昼长夜,我都一直记住木心的诗句——

"我是一个在黑暗中大雪纷飞的人哪……"

生命的更多可能性

辞职之初,我有了大量时间读书。我从书籍当中,获得前行的力量。

我读到了哲学家唐君毅先生《人生之体验续编》中的一番话,他说:"一个人在台上演讲,台下有一百个听众,即可有一百个毁誉之网,将套在此演讲者之头上。一本书出版,有一千个读者,即可有一千个毁誉之网,套在此书作者之头上。一人名满天下,他即存在于天下一切人之是非毁誉之中。"

是啊,一个人,何必太在乎别人的评价。

我获得了宁静,拥有了力量。我重新翻开自己的辞职信,梳理了我想要做的事情——努力让自己成为小小的、新的教育力量,为孩子们提供更多的、优质的学习资源,为更多一线教师提供更为优质的培训课程,为更多有需求的学校做一些力所能及的公益。

这几年，我一直按照这个方向去做。我来到了谷里小院民宿，成立了谷里书院。我潜心写书，出版了 30 多本图书；我创办谷里云书店，为师生精选几千册好书；我创办谷里云课堂，开展一系列的培训；我开启谷里云游学，带着家长和孩子深度学习。

这几年，我们做过很多教师培训。其中，干国祥老师的"大单元双主体备课营"课程创了谷里书院课程之最：一经推出就有 4200 多位老师追随。还有好多老师，因为谷里云课程，来到线下，相聚一起。

我们推出谷里备课营，带着老师们解读文本，深度备课；

我们推出谷里啃读营，带着老师们啃读好书，相遇经典；

我们推出谷里写作营，带着老师们耕耘公号，提升表达。

许多老师就是因线上写作营而结缘的。我们来自天南海北，为了写作的梦想聚集在一起。结识更多的人，生命就有更多的可能性。带着大家做一期又一期写作营的过程中，我深深地感受到，写作带给老师们无穷的力量。

写作，疗愈自我；

写作，重建心灵；

写作，重塑生命。

而今，当我回首往事，我追问：谷里书院的四年，我究竟做对了什么？

我想到了三个关键词——果断转身、深度阅读、深耕细作。

把握生命中的重要转折点

"果断转身"，是顶层设计，是灵魂抉择。

为什么要果断转身？

很多人问："你为什么要在教师教育学院副院长这个岗位上辞职？"

今天，我借此机会，进一步阐释当年的出走。

神学家马丁·布伯曾经说过这样一番话："方向是人类灵魂的基本张力，

有时候方向能够带着我们离开充满可能性的领域，做出某个特定的选择，透过行动来实践它。"奥地利作家斯蒂芬·茨威格也曾经说过："人生最大的幸运莫过于在他生命的中途，即在他年富力强的时候，发现了自己的使命。"

也许，这次裸辞创业，是我最大的幸运。我在课堂上摸爬滚打了30年，积累了一些教学经验和成长经验。我想把经验更好地传递给更多的老师，通过老师去改变孩子们。我看到了太多的教师培训，大部分长着一张千篇一律的脸。好多老师为了拿到学分去打个卡，然后偷偷溜掉，要不然就是在玩着手机。我想尝试做不一样的教师培训。

这是我出走的第一个原因。

第二，我的微信公众号"祖庆说"，已经成了一个规模不小的自媒体广场。过去，我的教室是一个小小的、几十平方米的房间。而今，我站在了一个教育广场上。我通过微信公众号、视频号，为更多人上课，赋能更多人。在此过程中，自己也能得到更好的成长。

第三，我有丰富的资源。我结识了那么多名师、那么多出版人，我可以整合这些资源，做我想做的事情。

第四，我需要跳出舒适圈。成功的惯性，可能会阻止我们警惕危险。成长路上，我们一路狂奔的时候，可能被惯性驱使，失去反思的力量。如此，人就可能沉睡在这张叫成功的床上。人往往习惯于陶醉在过去的成功中，自以为很了不起，自以为是牛人，却不会想到，跳出这个圈子，什么都不是。

企业家安迪·格鲁夫在《只有偏执狂才能生存》里说："任何一种否认都需要你付出时间，导致你在转折点附近错过行动的最佳机会。"

以上，就是我想跟大家分享的最核心的一点：善于把握生命当中的重要转折点。

安顿好生命，不断往前走

这四年，我遇见了很多安顿灵魂之书。

张远山先生的《庄子》系列，就是重要的灵魂之书。2021年，我在干国祥先生家里看到了张远山的《庄子复原本》。朋友闻中说，张远山对庄子的研究已经达到了一个新的境界。我找到张远山先生研读庄子的书，潜心阅读，复归宁静。

我还读了跟苏东坡有关的好多著作。林语堂的《苏东坡传》，李一冰的《苏东坡新传》，还有《苏轼传》《阅读苏轼》《斑斓志》等。著名语文教育家王尚文先生有一本《东坡心耕录》，我也读了。我把苏东坡当作精神偶像。当我遇到困难、感到彷徨时，我会想一想偶像苏东坡会怎么做，很多困难就迎刃而解。

阅读是寻找自己的过程。阿德勒的《自卑与超越》，我读过多遍。每一次读，都能获得生长的力量。人生来就有自卑情结，但我们要通过超越自卑，获得优越感，实现自己的生长。

最近，我在读陈海贤老师的《了不起的我：自我发展的心理学》。这是一本重构自我、发现自我的好书。作者当年在浙江大学当教授，后来辞职，也曾迷茫，也曾苦闷，也曾怀疑自己。因为罗振宇的邀请，陈海贤老师在"得到"开了一门课，叫"自我发展心理学"。后来，他把讲稿整理出来，变成《了不起的我：自我发展的心理学》这本畅销书。朋友午潮山对我说，这是一本值得反复阅读的好书，它对重建自己的心灵，很有帮助。

这本书里，陈海贤老师的一番话，给了我极大的力量："你现在处在一个特殊时期，你失去了原先的壳——你以前的家、熟悉的物件、熟悉的街区和邻居，你就像蜕了壳的甲壳类动物一样很容易受伤，只有长出新壳来才会好转。"

确实是这样的。我离开了体制，离开了原有的庇护。我的一个一个朋友都评上了正高，而我永远都定格在副高——我可能还是蛮在乎这个的，因为我没有长出"新壳"。所以，失落是难免的。我需要长出一个更强大的"新壳"。而现在，我拥有了自己的平台，我也可以组织一场场非常棒的培训；我更可以断然拒绝一些培训。这时候，我发现自己已长出了坚硬的"新壳"；无论是外在还是内心，我都已强大起来。

当你在一个新的领域渐渐成长起来的时候，你会发现，那些过去跟你玩在一起的朋友，渐渐离开了你。你不是在退步，而是在进步，过去的他们已经无法跟你对话。这个时候不要难过，该走的走了，该来的会来。我们一定会遇见更多优秀的、尺码相同或相近的伙伴。也许，你的人生会由此翻开新的一页。

生命就是不断的遇见。

遇见风，

遇见雨，

遇见烈日，

遇见暴雨，

遇见未知的、不断成长的自我。

所以，不要害怕。

生命就是不断地往前走，

不断地往前走。

把一本书读到灵魂里

2022 年，我读到一本小说，赫尔曼·黑塞的《悉达多》。这本书讲佛陀的成长，是一本心灵自传，薄薄的，100 来页。

这本书深深地震撼了我。悉达多经历千辛万苦，终于在恒河边，找到了生命的真相，找到了价值与使命，像艄公一样平静而庄严地度过一生。这是悉达多的顿悟，也是我追寻的方向。

生命里，总有一些书，是来度你的。它惊艳你的时光，温柔你的岁月。

我的另一本灵魂之书，是陀思妥耶夫斯基的《卡拉马佐夫兄弟》。这是一本震颤灵魂的好书。也许你读不进去，也许这本书跟你无缘——这本书有100多万字啊。大作家毛姆认为这是"人类最壮丽的小说"。我还把作者相关的所有书都找来读，有他的传记，还有他夫人写的关于他的书。《卡拉马佐夫兄弟》的主角是思想。这本书通过记叙俄国没落贵族的腐朽的生活方式，探讨如何解决心灵的问题。就像梁漱溟说的，学问是解决问题的，而真正的学问是解决自己的问题的。这本书，会解决你的灵魂问题，你与自己内心如何对话的问题。你的欲望，你的困顿，你的迷茫，都会在这本书里找到答案。

深度阅读可以让"我"——这个"我"指的是在座的各位——更强大。读一本书，就是和一个灵魂对话。在对话的过程中，读到一些句子，读到一些观念，你会深深震撼，就像谁突然给你当头浇了一盆水，让灵魂震颤不已。读完书，你也许会在深夜给朋友打电话，分享这本好书。我们一定要有这样的高峰体验，这样才是真正把一本书读到灵魂里去。

"阅读是砍向我们内心冰封大海的斧头。"卡夫卡这一句话，意境开阔、意味深长。是的，人的心，往往是会结冰的。我们需要通过阅读，砍下一块又一块冰，让内心变得开阔、变得丰盈，抵达辽远。

小时候，家里穷，没有钱买课外书，我就听书。后来，遇到了很多连环画，再后来遇到了武侠、言情。到了温岭师范，我读了大量的文学名著。工作之后，我也一直在读书。

一生中，我们一定要读几本生命里的根本之书、书中之书、经典之书。就像金克木在《书读完了》这篇文章里说的那样：我们要读根本之书，经典之书，源头之书。这些书可能是你的生命之书，知音之书，伯乐之书，灵魂之书。这样的书，能够击中你，唤醒你，提升你；能够让你灵魂震颤，让你茶饭不思，让你辗转反侧，让你彻夜难眠。这样的书，是真正的好书。每个人一生中必须要拥有一两部这样的书。

如何深读一本书，我有这样几点建议：

第一，以己证书。用自己的经历去参悟这本书。就像读阿德勒的《自卑与超越》，我在跟老师们分享的时候，会把很多故事讲进去。这样，就理解得很深刻了，就能抵达一本书的深处，以期证悟。我喜欢做批注，在做批注的过程中，把自己生命的片断写到感悟里。

第二，纵横参读。读这本书的时候，可以把相关的书找来，往上溯源。这是纵向的。再找到相关的同类的书，对比着读，这是横向的。比方说《自卑与超越》，纵向参照，可以沿着心理学发展脉络和作者别的作品来读；横向参照，去读相关、相近、相左的作品，甚至去读反对它的书。

第三，跳读反刍。一本书，你在某个地方读不进去的时候，不要硬着头皮去读，你甚至可以跳到后边，读你能读懂的部分。读完之后再回过头来读。做批注的时候，不同时期可以用不同颜色的笔做批注。这样，你会发现思想成长的脚印。尤其那些对你很重要的书，是需要这样反反复复去跳读、去反刍的。

比如上面讲到的陈海贤老师的《了不起的我：自我发展的心理学》这本书，我在里面做批注：

从自己能做的做起。我能做的就是早睡早起，坚持锻炼，定时阅读，认真吃药，减少外出，减少焦虑，保持家的整洁，每天散步半小时，每天泡脚。这些事情都是可以做到的。然后列出一个21天打卡表，做到了打钩，我发现养成习惯并不那么难。

朱光潜说过："与其读十部无关轻重的书，不如用读十部书的时间和精力去读一部真正值得读的书。"读过一遍就把它扔开，这不叫阅读，这叫翻书。不能以翻书的方式去阅读。一本书，你一定要跟它纠缠，一定要跟它相处，一定要跟它相守。

学者袁袠翔曾经说过一番类似的话,阅读有三个境界:神游—神交—神合。第一,神游。进入文字当中神游。第二,神交。你读了多遍,你就像一个老朋友,跟它神交一样。第三,神合。这本书的思想跟你的灵魂合为一体了。一本书至少得读十遍以上,你才能跟它神合。否则的话,你只能停留在神游或神交的层面上。

一本书要读厚,读薄;再读厚,再读薄。反反复复。

静水深流,深耕细作

只有静水才能深流。所以要深度阅读,要深耕写作,这是我这四年行走的两条路径。

在什么都讲快的年代,慢便是快。一件事情慢慢做,总会做出品质来的。所以接下来,谷里书院会打磨一些精品课程,比方说《世说新语108讲》。我们还会推出《谷里经典人文365课》《谷里教师成长课》《谷里家长成长课》。未来,我们还会做谷里书院的年卡。

有人说,谷里的发展一定要商业化吗?对商业这个词我们千万不要有太多的负面想法。人类的哪一次进步不是通过商业去推动的?做商业,然后以更高品质的方式去回报社会,这本身是一件很有价值的事情。

从一个人到一群人

"万物启蒙"的钱锋老师,《小古文100课》的朱文君老师,中国小学对课第一人丁慈矿老师,"全人之美"总设计师干国祥老师,"彩色的读写教室"周其星老师,童话作家汤汤老师,草根作家曹秋英老师……一个又一个的老师,扎根一线,深耕课程,树起了自己的品牌。这,就是生命的可能性。

"创意读写"也是谷里书院正在倾力打造的品牌。它也可能是我的品牌。我希望能够把这个品牌树起来，但不是我一个人，而是众多的来到谷里书院的老师们和我一起打造。当我们每一个人都得到很好的成长，成长为当地的骨干教师、卓越教师的时候，当我们的成长打上谷里书院印记的时候，我们才会自豪地说，谷里书院这几年也成就了一批教师。

谷里书院，现在还是一个刚落地的娃娃，从头到脚都是新的。他笑着向前走，他终有一天会有铁一般的胳膊和臂膀，像一个健壮的青年。当然有一天也会老去。

那么，普通老师要怎样打造自己的品牌呢？要寻找优势，多年深耕，持续输出；要在得心应手处着力，板凳甘坐十年冷，把一个点打通。

做品牌，从"盯"到"钉"

教师做课程，先要"盯"。盯热点，盯痒点，盯痛点，盯干货。

盯住之后，再拿个锤子往下"钉"。敲进去，狠狠地敲一个领域，把它打透。

我从 2004 年开始做电影课程，一直做到现在。做了近 20 年。20 年，我一直在电影写作这条路上，持续深耕，从偶尔为之到主动开发，再到系统开发，最后出书，经历了四个阶段。

当下，我们的教育领域患有"多动症"。一阵子研究绘本读写，一阵子研究戏剧教育，一阵子研究群文阅读，而今热衷研究大单元。

我们的老师也患了"多动症"，小猴子下山一样掰玉米棒子，扔了玉米又摘西瓜，西瓜扔掉去追兔子，结果什么都没有追到。听课也一样，这个会议也去赶场，那个会议也去赶场，貌似始终走在学习的路上，其实你的脑袋一直是别人思想的跑马场。

这样急匆匆的，你怎么能够静下心来思考自己究竟想要什么？！

做课题也好，做学问也好，专注于一个领域，不要打一枪换一个地方；

否则，你是永远做不出东西来的。你的课题也许顺利结题，但那是写在纸上、贴在墙上，最后飘在空中的东西。它没有任何价值。

寻找优势，还要多年深耕、持续输出。要寻找一个点，把它打透。

打透一个点就是：时间要聚焦，力量要聚焦，领域要聚焦。聚焦才能把事情做好。"任何时候都有太多东西要学，太多东西要抛弃，太多东西要参与和反抗。"并不是所有的流派，都值得你学习；并不是所有的热点，都需要你去追随；并不是所有的新名词，都要你紧跟而上。对于语文教学来说，没有太多的新东西，抓住了读和写，语文不会太差。其他学科也一样。把最根本的东西抓住，你不必去急急忙忙追赶那些尚在探索中的事物。

【结束语】

回顾这四年所走的路，我想借两段话来总结。

一段是《一路走来》的歌词："一路走来，不负山河不负卿。在最黑夜里数过最亮的星，在最深的海里做过最美的梦，一路走来，不躲锋芒不藏心。"

另一段是王小波说的："最大的不幸，就是有些人完全拒绝新奇。"

这四年，我的生命主旋律是"寻找变化，拥抱变化"；用读写，重启精彩的后半生。

当然，寻变的过程中，有些东西是可以确定的——使命和信念是确定的，素养与能力是确定的，创意和童心是确定的。

信念如磐石，风雨吹不倒。无论外在的东西如何改变，只要初心在、信念在、信仰在，一切都不成问题。

愿每一个热爱教育的老师，敢于追问、坚守信念、主动寻变、超越自我，生命刹那花开。

第一讲

人，为什么要写作

人为什么写作

人，为什么要写作？

史铁生曾说，为了不至于自杀而写作。双腿瘫痪的史铁生，正是凭着这样的信念，顽强地活着，写下无数感人的篇章。

卡夫卡说："如果没有这些可怕的不眠之夜，我根本不会写作。"卡夫卡为了消磨时光、对抗荒诞而写作。所以，他笔下的人物，都有一种荒诞感，引发人们强烈的共鸣，其作品《城堡》《审判》开启了后现代写作的先河。

作家迟子建"为风云变幻各异的命运而写作"。她的作品《额尔古纳河右岸》，把古老民族风云变幻的命运揭示出来，有一种苍凉的感觉。

其实，写作不是作家的特权。芸芸众生也要写作，求职信、教案、司法公文、新闻稿件、策划文书、观测报告、实验报告、借条、微信朋友圈、答谢信……都是写作。

从这个意义上说，写作是为了活着！

然而，写作仅仅只是为了活着吗？

不是的！

有人问登山爱好者："你为什么要登山？"

"因为山在。"

有人问朝圣者："你为什么要拜佛？"

"因为佛在。"

也有人问写作爱好者："你为什么要写作？"

"因为我在！"

我有心，我有嘴，我有笔；我存在，我思考，我写作！

笔，是嘴巴的延伸！人活着，有思想，要靠嘴巴去发声，要靠笔去发声，要表达出自己的想法。

我思，我写，故我在！

写作是什么？写作，是我们真诚地向世界敞开心扉；写作，是心灵的自由舞蹈！

通过写作，我们敞开自己的心扉，让世界各地的人看到我们、了解我们。

与此同时，我们又是为自己而写作。

学者梁漱溟说："一个人活在世界上，必须处理好三个关系：第一，人与大自然的关系；第二，人与人的关系，包括家庭关系在内；第三，个人心中思想与感情的矛盾与平衡的关系。"

写作就是对话，和世界对话，和自己对话。

一言以蔽之，写作是生命的打开。无论是和自己对话，还是和世界对话，都是打开自己的一种方式。我表达，我打开，我不断地重建自己，这就是我对写作的理解。

"斜杠少年"的写作史

所谓"斜杠少年"，是我对自己的戏称。

我辞职后，有一回在重庆做讲座，主持人介绍我的时候，她说："下面有请祖庆老师上台。"一般其他嘉宾上台，都会有一段比较长的介绍，主持人可能比较难以定义我，不知道怎么介绍。于是，开场白，我干脆来一个自黑："哈哈，主持人都不知道怎么形容我了。其实啊，我是新媒体自由教育人，是个斜杠青年。"是的，我有多重角色：自媒体人、写作爱好者、网络书店经营者、培训者、"百班千人"公益项目推动者。我还有个咨询文化有限公司，注册法人、董事长……自媒体人/写作者/书店经营者/培训者/公益人/董事长，这就是"斜杠"的由来。

为什么是"少年"呢？有一句歌词写道"永远年轻，永远热泪盈眶"，这指的是年轻的心态。这些年，我坚持跑步、运动，心态似乎越来越年轻了。奔跑，让我变得年轻。

但真正改变我人生的，则是写作。

我将自己的写作史分为"自主萌芽—自我觉醒—自娱自乐—自我虐待—自主创业"五个时期，即"写作准备期——自主萌芽（1986—2004年）；论坛年代——自我觉醒（2004—2008年）；博客生涯——自娱自乐（2008—2016年）；自媒体广场——自我虐待（2016—2019年8月）；自主创业（2019年9月至今）。"

1989年，我师范毕业，在家乡温岭教书。那段时间，我认为自己还没有开始真正的写作，属于"自主萌芽"阶段。1999—2004年，在太平温岭小学任教的几年，作为教科室主任，我被校长逼着写了很多官样文章，曾经写到怨天尤人。可是后来，我感恩校长，因为他练就了我快速成文的能力，两个小时可以完成一篇三四千字的文章。

2004年，我调到了杭州，在"教育在线""人教论坛"和"凤凰论坛"到处横行霸道、横冲直撞。我认为这是写作的一种觉醒。

我曾经以"温岭祖庆"，搅乱"人教论坛"。可是后来，文章转载到"教育在线"，被人家骂得狗血淋头。这是我写作的"觉醒年代"，埋藏在我心底的那颗写作种子，被论坛那种无拘无束、畅快淋漓激发了。

2007年11月12日，对我来说是一个伟大的日子。这一天，我收到一个陌生男子的电话，他告诉我，要给我出一本书，且给我稿费。他还言之凿凿地说："您将来一定会成为特级教师，我们将出一本您的书，就叫《张祖庆讲语文》。"就这样，我在论坛上写着、写着，就写出了第一本书，这是我做梦都没想到的。

2008年，论坛式微，博客兴起。于是，我开启了博客生涯，在新浪博客"自在乾坤"自娱自乐。2016年，我开始耕耘微信公众号，自此走上了自虐的路。

2016年8月31日，对我来说，是一个更伟大的日子。从此，这个世界上多了一个微信公众号"祖庆说"。我在公众号里，开启了间歇性日更的岁月。

2019年8月，我辞去公职，来到了谷里民宿，开启了崭新的人生。"谷里民宿"是我朋友开的一个民宿，我在这里出书、做培训、开工作室、做课程等，美其名曰"谷里书院"，其实它更多的是我的一个精神空间。2019—2022年这四年时间里，据不完全统计，我原创了大概有15本书，编写了将近30本书。《从课堂到课程——教师专业成长12讲》是我六年磨一剑的演讲录，也是我目前为止最重要的一本书。我近十年的教育思考，都荟萃在这本书当中了。《给语文教师的新建议——从新手到卓越》以故事的方式，自曝了很多"黑历史"，赢得了广大读者的喜爱，截至目前，已重印15次。

有老师会问我，为什么这四年里有那么多创作灵感？因为这四年，我专心致志、心无旁骛地做自己的事情。"谷里书院"的业务由赖建平兄以及其他相关工作人员打理，我基本上不用操太多的心，我可以专注于写书。积淀了30年的专业素养，在四年时间里，厚积薄发。出那么多书，是一种水到渠成。

这四年时间里，我还致力于把最好的课程分享给全国各地的老师们，让更多的老师在我们的带动下成长、超越。我们自己也在不断成长。我经常跟人说，这四年时间，我做了以前十年、二十年都做不到的事情。

告别从前，拥抱教育。是写作，让我的人生拥有了更多可能性。

写作的价值叩问

作为教师，写作的价值究竟在什么地方？

1. 写作，为生命存档

我曾经说："写作，是为生命存档。"我们可以用文字，存下一份属于自己的生命档案。

这份档案里，存着你的过往，存着你的酸甜苦辣，存着你经历过的明明暗暗的风景和一路的跌宕起伏……把它写下来，每一个文字，都是你生命旅程中熠熠闪光的珍珠。

2019年12月31日（我辞职之后的第一个辞旧迎新的日子），我写了文章:《有些事物渐次消失，有些美好不期而至》。在这篇文章里，我发了一些图，写了自己的心路历程，做过哪些事情、出了哪些书、有了哪些成果。这就是我用文字、用图片来为自己的生命存档，这个档案叫作"辞职后的2019"。其实，我所有的写作，都是为自己的生命存档。

2. 写作，让时间静止

"岁月不居，时节如流。"

当我们说这句话的时候，时间已经向前流去了。时间永远不可能静止。但是，我们可以通过文字把流逝的时间定格下来，成为相对静止的记忆片断。

写作，可以凝固时间。

有一段时间，我喜欢写一些小散文。写着写着，我发现这些文章可以整合成一本散文集了。于是在朋友的怂恿下，在出版社的支持下，不知天高地厚的我，居然出了一本散文集，叫作《刚好遇见》。

我自己都不敢相信，我能够出一本散文集，不太好意思去宣传。直到后来，有朋友说："祖庆老师，你这本散文还不错的，写得很真诚！"何夏寿先生也说："真的有趣！"他在序言里表达了这样的想法，我才慢慢愿意将这本散文集拿出来分享。

散文，就是我的另一本生命传记。

这本散文集里，有我在小学、初中、师范读书的经历；有伙伴们摔跤，两个人齐齐摔倒在操场上的画面；有小时候跟姐姐上山摘映山红的经历；有跟父亲一起种菜的往事；还有很多师长的故事。

当然，我自己并没有把它当作真正的散文，我觉得离真正的散文还有一段距离。但它很真实。读散文就是看到一个真的人，散文如果写得不真，就不动人了！

3. 写作，用文字疗愈

写作，是用文字疗愈伤痛。写作的文字疗愈功能非常强大。

如果成天长吁短叹，人家会说你是"祥林嫂"。苦闷的时候，我们可以用写作来疗愈自己。

写作，可以让我们在文字中安身立命，找到精神的归宿。

我的朋友章晓，曾在清明节期间，发给我一篇文章——《祖屋之后，埋着我的父亲》，他用近万字的长文表达对父亲的怀念，写得非常深情：

> 几天后，操场上，我看到一个瘦弱的背影，在寒风中颤颤巍巍。父亲！没错，我的父亲！我快步走过去。父亲高兴里有些不安，忙问，哪个啦？我说，医生说，有点贫血，注意休息就是。父亲说，哦，没事就好。然后，递给我一个布袋，布袋里装着几十个鸡蛋。说，用开水冲着吃，每顿饭一个，鸡蛋营养好。说，我去城里转转，你不管我。
>
> 父亲没有跟我说几句话，就匆匆走了。
>
> 后来，我知道，父亲天不亮出发，是步行了七十二里山路赶到县城里的，又步行七十二里山路摸黑回去的！六十多岁的老人一天赶一百多里，他的脚步有多快！

你看，细节多么感人！章晓老师就用这样密密的细节，回忆他父亲生前一个又一个画面。所有的情感，都在文字当中。我相信他写了这篇文章之后，对父亲的思念，会有所释怀，他的心得以安放。

跟亲人之间的往事，一帧又一帧的画面，它们都蕴藏着情感。写出来，就是最动人的文章。最是真情动人心。

这人世，所有的创伤，都可以用文字和时光疗愈。

写了，也许，你的伤口就愈合了。所以，当你委屈、愤怒、不平、伤感时，拿起笔，写下来，就是和自己的心灵深度对话。你写得越深沉，泪流得越多，越有利于康复。

写作，疗愈我们的内心。

4. 写作，助专业成长

作为老师，尤其作为语文老师，我们要努力成为写作高手。这是我们率先垂范的需要。教学生写作，如果自己写不好文章，这是一种渎职。自己不会游泳，怎么能教别人游泳？自己从来不会打乒乓球，怎么去教别人打乒乓球？自己看到文章就要逃避，怎么去让你的孩子热爱写作呢？

写作，还是一种经验总结的需要。把经验总结出来，与他人分享，这是成长的一种方式。写作是成果分享的需要。很多人其实并没有见过我，但有人通过我的书，认识了我；有人通过"人教论坛"，认识了我；有人通过公众号上的文章，认识了我。屏幕前的你或者书本前的你，也未必近距离见过祖庆老师，但你会感觉与我仿佛是老友了。为什么？因为你已经在文字里认识我很久了。

文字，是人的另一件衣服，另一张脸。

文字没有办法给灵魂化妆。人与人在文字里相遇，相遇的不是文字，而是灵魂。

说到写作对专业促进的作用，必须得说一说我的"爱·飞翔"团队。我们相遇在2016年的"蒲公英大学"（由蒲公英智库发起的网络课程，11节课，每周一个半小时直播）。课程结束时，有个拜师仪式，计划收五个弟子。我发现报名的 10 个青年教师，都很优秀，我一个都不舍得落下。最后，我决定都留下，看几年后，谁的进步大，谁就是我的弟子。事实证明，这真是正确的一招。

杨冬梅，特级教师，现在在武汉某小学任教。在整本书阅读、写作等领域很有建树，曾评过我的多节课，自己也成为《小学教学》的封面人物，发表文章几十篇，编著《小学生小寓言 100 课》。

丁素芬，全国十大青年名师，微信公众号"丁丁的笔记"很受欢迎。出版图书《赵清遥的拼音故事》《小学生小科普 100 课》。2016 年之前她从来没有发表过文章，上了我的课程之后，她写作就像井喷一样，四五年时间，发表文章近 60 篇。

钟海红，湖南省湘潭市岳塘区江滨学校校长。一位很有才华的校长，多次主持当地大型文艺节目，多次应邀赴各地讲课，编著《小学生小神话 100 课》。

杨婷，深圳南山区南头小学教师。全国"百班千人"导师，全国四项全能教师，开设微信公众号"婷婷的小花园"。她的整本书阅读做得非常好，编著《小学生小童话 100 课》。

陈婕，全国卓越班主任，全国教学观摩大赛一等奖获得者，微信公众号"依依写字"受到全国各地老师的关注，编著《小学生小童话 100 课》。

彭建，重庆市骨干教师，曾获全国第六届群文阅读现场优质课大赛（重庆赛区）特等奖，发表近 20 篇文章。开设微信公众号"让思维看得见"。编著《小学生小神话 100 课》。

樊丛辉，诗人，语文老师。全国"百班千人"导师，曾获河南省信息技术与课程融合优质课一等奖、河南省一师一优课一等奖。开设微信公众号"樊人说"，编著《小学生小诗歌 100 课》。

李欣，成都某名校骨干教师，2002 年到 2017 年，她一篇文章都没有写过，

2017年到现在发表20多篇文章，编著《小学生小童谣100课》。

王克梅，济南某名校教师，致力于微课程建设，开设微信公众号"正佳的世界"。编著《宋词完全解读》《名家笔下的老济南》《小学生小寓言100课》。

陈琼，成都某名校教师，后边我将详细讲述她的写作史。

无一例外，她们都热爱写作。写作，记录教育教学的点点滴滴；写作，倒逼着她们大量阅读；写作，让她们每一个平常的日子闪闪发光。每一个人，都用自己的经历，告诉我们：每个人都可以写出自己的《神奇飞书》。

写作，让她们走上了专业成长的快车道。

每一天都是写作最好的一天

有老师问："我什么时候写作呢？"

每一天，都是写作最好的一天。

有老师问："我脑子里空空，没有内容可写，怎么办呢？"

其实你身边到处都是素材：你的学生越调皮，故事越多；你每天的教育生活中那些有意思的花絮，就是故事。

你在等公交、等地铁的路上，看到形形色色的人，你去观察他们，这些都是素材。

有人说："我很想写，但是总感觉词穷。"

可能你没有唤醒自己的写作欲望，或者你的阅读量还不够。

在这本书里，我会系统地讲述，一线教师如何爱上写作——怎样寻找身边的素材？怎样克服写作的恐惧感？怎样拟题目？怎样修改？怎样投稿？怎样让你的文章更有创意？怎样让你的词句更干净？怎样写得有画面感……

真的，只要你写下第一句，写下第一行，你一定会写下去的。慢慢地，你也许会成为写作高手。谷里写作营的好几届学员，开始时都像大家说的那样，觉得没什么内容可写，太难了。可是后来，坚持了一年、两年之后，这些老师越写越好。还有一些老师，他们在自己感兴趣的领域，挖掘系列素材，越写越深入。

有了经历，有了体验，你就有写不完的素材。

开一个微信公众号，一辈子折腾自己

前面提到的陈琼老师，她有一个微信公众号叫作"22 号天空"。

陈琼老师班主任工作做得非常好，很有经验。但是她的文字功底，真的一般。我不是揭她的丑，她现在的文字已经非常漂亮了。我说："陈琼，你开一个微信公众号之后，有人督促，你会自己想着把它写好。"

她说："张老师，我试试看。"

于是，她一篇一篇更新。

刚开始，她把文章发过来，让我帮她看一看。我逐字逐句地帮她改了两三篇文章，最多的时候，一篇文章修改一百多处。

我说："陈琼，你回去把文章打印出来，一句句推敲，想一想：祖庆老师为什么要这样改？"

她真的把每一处修改的地方，标出来批注。这个地方为什么改，改得好在哪里，她都一一记录下来。改了三篇之后，我发现她的文章，基本上不用改了。

后来，她越写越好，文章也越来越多，光"人民教育"这个微信公众号就转载了七篇。

《资深班主任制订的这份最详细的开学攻略》《老师如何做好形象管理？》《新手班主任如何做到忙而不乱？》《班主任看这里！这样管理班级家庭作业，学生不抱怨家长不慌张》《学校每日午餐，如何吃出教育味》《给老师、孩子的期末高效复习清单》

观察这些标题，你发现它们有什么特点？

它们都是大家很关注的话题，光标题就戳中了大家的痛点。陈琼老师非常善于捕捉话题，并用最直白的语言来拟题目。所以，这些文章阅读量非常高。

这是她近三年发表的文章：

《开发家长课程，助力学生成长——成都高新区西芯小学家校共育案例分享》，2018年发表于《未来教育家》；

《"没有"老师的课堂——特级教师张祖庆百字微影评教学片段赏析》，2019年3月发表在《小学教学》；

《新手班主任如何与学生打交道》，2019年4月发表在《中国教师报》；

《班主任如何让这"三类"家长回到正道呢？》，2019年11月发表在《班主任之友》；

《期末，如何做到忙而不乱》，2019年12月发表在《中国教师报》；

《"节"有所获，节节生长——校园节日课程的突围与重建》，2020年1月发表在《未来教育家》；

《网络开学典礼三部曲》，2020年3月发表在《中国教师报》。

《未来教育家》《小学教学》《班主任之友》《自由中国》《教师报》《中国教师报》《未来教育家》等杂志都收录有她的文章。她还成了《班主任之友》的封面人物，成立了名班主任工作室。后来，陈琼老师编著了《名家笔下的老成都》一书。

我是看着陈琼老师通过写作腾飞的。像这样的草根老师，还有很多。

打造属于自己的品牌

那么，一线教师如何通过微信公众号打造属于自己的品牌呢？

一线教师可以通过微信公众号，关注自己深耕的领域；通过实践、总结，确定公众号内容。让更多人通过你的微信公众号，知道你在研究什么、深耕什么。

"互联网+"时代，网络成为一线教师成长的另一个舞台。"互联网+"是一个"大师变矮"的时代。什么意思呢？过去我们是仰望大师；现在这个时代，你只要把某一个点做到极致，就可以成为大咖。

首先，我们要给微信公众号取一个简洁、易记的名字。

如果你在地方已经有了一定的知名度，你是这个地区或者这个省里比较有名的老师，你的微信公众号就可以直接用自己的名字，或者用大家耳熟能详的一个昵称。

比方说周其星老师，大家都叫他"星星"，他的微信公众号就叫"星星问答"。还有李祖文老师的"我是李祖文"，王开东老师的"王开东"，李镇西老师的"镇西茶馆"，闫学老师的"闫学"，祖庆老师的"祖庆说"，阿牛老师的"阿牛老师"……

微信公众号的名字要相对简洁，千万不要太抒情。一旦太抒情，人家就不知道你这个微信公众号到底是干吗的，别人对你关注的机会就少了。

这是一个信息过剩的年代，谁会去关注一个看上去云里雾里的微信公众号呢？

草根教师，也可以拥有自己的品牌。有一个叫萍老师的，她就开设了一个叫"萍语文"的公众号；有个梅老师的公众号叫"梅语文"。赖建平老师，他有童心，很幽默；他研究顽童作文，让儿童作文富有童心、富有创意，他就给自己的微信公众号取名"顽童作文"。

其次，我们要给微信公众号精准定位。

我们可以这样定位：我是谁？我的读者可能是谁？我要在这个公众号里做什么？

比方说你在家校沟通领域很有研究，或者在班主任工作、微课程、整本书阅读、创意写作、绘本课程、古诗文学习、统编教材解读等某个领域有建树，你要聚焦一个点。

这个点如何去聚焦？你可以考虑：你的专长是什么？读者需求是什么？当下热点是什么？未来趋势是什么？

如果没有想好要聚焦什么，你可以先把微信公众号做起来。先写起来，再说。

写着写着，你认为哪个内容对于哪部分读者最有用，你就可以针对这部分读者精准定位。

汤玫老师的微信公众号叫"一枚叶"。一开始，她的微信公众号经营得不温不火。后来，她发现自己的受众群体中家长比较多，她就开始精准写作，给家长提供了很多有用的思考和建议。

寒假作业之"怎样读"、三年级小朋友日记怎么写、怎样迎接新学期、练笔怎么做、三年级语文作业真的无须太多……

这些话题，家长都很感兴趣。

她的公众号最大的价值是什么呢？赋能家长，服务家长。

好多人说自己人脉很广。在这里，我特别想说一句话，所谓人脉，不是你认识多少人，而是你可以为多少人做点什么！

像丁丁老师、陈琼老师、汤玫老师，她们可以为老师和家长们提供一些有价值的东西，大家就相信她们。于是，她们就拥有了人脉。

开设微信公众号的高能预警

最后，对即将开设微信公众号的老师做一个高能预警。

当你开始经营自己的公众号、打造自己的个人品牌、每天更文或者三天一更时，你可能会被从来不写作的人嘲笑或划为另类。

我有几个建议：

首先，微信公众号的文章，尽量不要在上班时间发。人家会想，上班时间，不认真批改作业，天天写文章，这么空？可以选择定时发送，要么早晨发，要么晚上发。

其次，当你和周围人表现不一样的时候，也许有人会议论：天天写文章，你以为你了不起啦！文章写得这么烂啊！

你不要被人家的嘲笑击倒。我看到汤枚老师、依依老师等，就是坚持日更的。我相信，她们也一定听到了别人的评论，我相信她们也经历过那些内心的挣扎。

他人的意识是与我们漠不相关的，尤其当我们认清了大众的思想是何等无知浅薄，他们的观念是多么狭隘，情操如何低贱，意见是怎样偏颇，错误是何其多时，别人对我们的看法就更不相干了……只要我们有机会认清自古以来多少伟大的人曾遭受蠢人的蔑视，就会晓得，在乎别人怎么说，实在是太尊敬别人了。

——叔本华《人生的智慧》

把叔本华这段话，背下来，抄下来，贴在自己的床头。贴在床头还不够，要贴在额角。

当你觉得自己力量不足时，我推荐你两本书，一本是《自卑与超越》，还有一本是《被讨厌的勇气》。

你要有被人家讨厌的勇气，要有成为自我的勇气。

你无法让每一个人都喜欢你，其实也完全没有必要让每个人喜欢你。你如果去追求让每一个人都喜欢你，那么你这一辈子肯定会累死。不要把自己的人生目标设在别人的嘴巴里；人生目标，得设在自己的心里。

最后，我想说，做微信公众号唯一的秘密，就是坚持：坚持写作、坚持反思、坚持实践。你一定会写出自己的特色！

你坚持一年，定有成效；坚持两年，大有成效。好多老师就是因为坚持，才看到希望的，而不是因为看到希望而坚持的。

所以，当我们迷茫时，当我们听到别人的议论时，请相信榜样的力量：相信祖庆老师，相信赖建平老师，相信章晓老师，相信丁素芬老师，相信曹秋英老师……

当然，光相信没有用。你自己要努力，要更加用心地看书，更加用力地写作。光靠别人点拨，自己懒得看书，懒得写作，那是不行的。

【结束语】

写作，向世界敞开心扉，写作是心灵的舞蹈。

活着的每一天，都是写作最好的一天。

为什么登山？因为山在。

为什么拜佛？因为佛在。

为什么写作？因为我在。

第二讲

战胜写作恐惧的三大法宝

2023年上半年，我在网上开设了"谷里写作营"，为期两个月。写作营课程期间，我每周两次线上讲座，每天在群里不定期点评学员的文章。线上写作营，好比马拉松比赛，敢不敢写、敢不敢发，挑战的是你的胆略、你的毅力。

很多人都说愿意跟随，但能够坚持到最后，把每一堂课都听完，始终坚持写作的人，不会太多。

写作，首先需要战胜内心恐惧。

"写作恐惧症"深度患者的"两怕"

写作营里来了一群"写作恐惧症"深度患者。

在写作营群里，我让大家接龙说一说自己对写作的恐惧，没想到接龙异常火爆。我们来看看大家反馈的一些共性问题：

> 缺乏自信，总觉得自己写不好会被别人笑话。表达能力欠缺。
> 在写的时候，很多时候不能用优美的词句。没有文采。
> 恐惧！感觉写作会把真实的想法写出来，担心别人看，又担心别人

不看；写不好，又逼不动自己练习。不会好词好句，只会写日记。

恐见人，尤恐见熟人，更恐被领导见。

间歇性恐惧。每天想法很多，但是又不太敢把自己的真实想法全部写出来，特别是公之于众。害怕一时冲动会引起不必要的麻烦。

由此可以总结出，普通人写作的两怕。

第一怕：怕别人。怕别人笑话，怕得罪别人，怕别人审视。

第二怕：怕自己。怕没时间，怕没内容，怕没文采，怕没深度。

总而言之，怕写作的人，面对写作，内心几乎是崩溃的，怕别人又怕自己。经过统计，这两怕都有的，还真有不少人。

我也是写作恐惧症深度患者

请你们猜一猜，祖庆老师有没有写作恐惧症？

没有？怎么可能！

告诉大家，我肯定有，而且是深度患者，即便现在也依然恐惧。

也许你会说"鬼才信"！

我告诉你，我真的患有写作恐惧症。

我曾在《写作是一场心甘情愿的冒险》这篇文章里写道：

你永远不知道拿着手机读你文章的是谁，也许是著作等身的学者，也许是饱读诗书的名士，也许是闲云野鹤的高人，更有可能是你的上司、同事、发小、故交、同学、亲人，当然，还有更多认识或不认识的吃瓜群众。

文章被阅读、被点赞、被转发，固然是存在的一种方式。但是有时候也许你的无心之语，却被有心之人对号入座，耿耿于怀，甚至怀恨在心。

我总想着，我写的文章也许能够给老师们提供一些安慰；有时候呼吁得多了，呐喊得多了，也许会有一点点作用。我站在了一个自己创办的教育广场之上，所以我要鼓起勇气来表达。

想到这里，我的恐惧症就慢慢被克服。

作家也有写作恐惧症

作家黄子平，他曾经和钱理群、陈平原并称，被誉为20世纪中国文学的"燕园三剑客"。他曾写过一本书叫《害怕写作》。

黄子平教授为什么害怕写作？理由有两点。

第一，传说仓颉造字的那天，"天雨粟，鬼夜哭"。古人对写作将会带来的灾殃如此恐惧，使黄子平对写作也充满敬畏。因为，他害怕"祸延梨枣"，在千万本平庸的书里，又添一本。

第二，因为大学的考核要求。大学教授的考核，必须统计今年有多少文章发表，发表文章成为一种业绩的象征。如此功利，他很害怕，但是又不得不写。

黄子平很纠结，很矛盾。他最后说："写作就是克服害怕。我害怕写作，同时写了《害怕写作》。"

祝勇，故宫博物院研究馆员、作家。他说："我将自己的年华生命投入其中，很可能毫无意义、血本无归。"看来，祝勇也有写作恐惧症。

而我自己，也是写作恐惧症的深度患者。但是我想说："越害怕，越要写。"还有一句话，我想送给大家："想要学写作，先破心中贼。"怕写作的人，不是因为恐惧，而是因为心中的"贼"在作怪！

贼

你身上有无数宝贝
你自己却用戈去捣毁！

人持戈击贝　贼也！

你看这个"贼"字。"贼"字怎么解释？人持戈击贝。贝是古代作为钱物交易的东西。人持着"戈"——也就是武器，去把宝贝给捣毁。其实每个人都有写作天赋，都有写作才能。你身上有无数宝贝，你却用戈去捣毁。这个贼是谁？就是你自己啊！

怕写作的人，不是谁在作怪，是你心中的那个"贼"在作怪。

"想要学写作，先破心中贼。"

"心中贼"一天不破，你便一天写不好——这个"心中贼"就是时时刻刻想着"别人会怎么看我"的那个念头。亲爱的各位，你很重要，但你一点都不重要。

好好写你的文章吧，这辈子太短了。别人的看法有那么重要吗？亲爱的各位朋友，请不要把自己看得太重要。世界太大，你很小。你只是一粒尘埃，不要以为全世界的人都有时间来笑你。

我们要像黄美玲老师（写作营学员）那样。她在《我不喜欢写作》这篇文章中说：

"写作这样'讨厌'我，我是这样不爱写作，可我仍要写！我要不停地写，拼命地写，忘情地写！我要在文字世界里做王，做草寇，做英雄。我要让一个个文字最终——归顺于我，臣服于我；为我抒发感情，为我传递思想。我要写作，我要做文字的王。"

这一段话，写得多好！

霸气十足！爽！文字是烈马，我要驯服它。我要用我的时间、我的才情、我的毅力驯服它，看你不乖乖听我的话！我们要有这样的勇气，挑战自己。

一个害怕跌倒的人，是永远学不会走路的；一个害怕被别人嘲笑的人，是学不会写作的。

不要害怕被嘲笑，谁都是由学步到走路，最后学会奔跑的；谁都是从一个字、一个词、一句话、一段一篇慢慢写出来的。

送给大家一句话：我写我的文章，精彩是我的，糟糕也是我的。

干卿底事？！

送给写作恐惧症患者的三大法宝

法宝之一：三定法

1. 定时间——零碎时间，固定时间

利用零零碎碎的时间写作，随时积累；类似的素材积攒多了，就可以变成一篇文章。

有人习惯利用下班后的 20 分钟，每天雷打不动地写作。有人利用睡觉前的时间写作。有人喜欢在午间零碎时间，或其他固定的时间写作。王开东老师常常在凌晨写文章。

我自己就创作过一个"不亦快哉"系列，用碎片化的时间，捕捞岁月流沙里藏着的珍珠。

其一：备课进行时，本来要烧红枣汤作为早餐。没想到，忘记了时间，厨房传来焦味。红枣汤，变成了红枣烤肉，香气扑鼻。不亦快哉！

其二：某日，重温旧文，捉住14年前出版之书一枚错别字，恍如旧案告破，心头窃喜。不亦快哉！

其三：逛旧书摊，某君见自己旧书在售，好奇翻开，扉页上题写："某兄雅正，某某于某年某月某日。"遂将自己旧书赎回，复寄某兄，题曰："某兄再次雅正。"不亦快哉！

好玩！把自己的书买来再次寄给某兄，太好玩了！

其四：新加坡书城闲逛，见自己编的书立于架上，遂以四倍定价购得，并题写："祖庆兄雅正，祖庆2017年12月3日于狮城。"不亦快哉！

自己买书送给自己，"祖庆兄雅正"，好玩！

其五：某年在深圳上课，课毕，应主办方之邀，签售一本小书。一教师手捧吾书，请吾签字。吾认真地写下"敬请雅正——张祖庆"字样。该教师一脸认真地说："谢谢祖文老师！"不亦快哉！

其六：某教授在某次活动中，批评上课教师不该喊学生为"孩子们"。一愣头青起立，与教授辩驳，称自己一直称"孩子们"。教授继续解释，另一愣头青忍不住，顶撞教授"叫什么并不重要，怎么做才重要"。教授面红耳赤，主办方面色铁青（两愣头青，一个叫李祖文，另一个叫张祖庆）。不亦快哉！

其十：某周末，某教师坐高铁至嘉善转西塘上课。人抵西塘，行李却随火车抵达北京南站。某教师让在京工作的外甥取出行李，寄回。人在江湖飘，行李抵家中。不亦快哉！

其十一：某日，一新教师上《我的战友邱少云》。上到第一段该教师忽然卧地，一动不动，良久未起。学生慌张，上前询问。该教师忽地站起，摇头晃脑曰："这，就是'纹丝不动'！"不亦快哉！

其十三：某年正月初八，某君和妻儿一道欲赴日本旅游。至浦东机场安检处，被告知护照已作废。某君目送妻儿过安检，打道回府，一人宅家，日夜观影。不亦快哉！

其二十：与好友于半亩地酒庄对坐畅饮。一碟花生，两瓶黄酒，四个小菜，天高地阔，激情满满。喝至酣处，尿意袭来，起身如厕，回头一望，天降大雪，银装素裹。不亦快哉！

其二十六：发誓这辈子再也不读《尤利西斯》，将之撕个粉碎。不亦快哉！

"不亦快哉"系列，好玩且快乐！好玩的文字除了记录下那些难忘的瞬间，也能够分享快乐。

这样的碎片化写作，日积月累到一定程度，你就会发现，原本看似闲散的文字，稍加整理，就成了你的作品。

2. 定字数——固定字数，积少成多

100字，完成！

200字，了不起！

如果一天写100字，十天1000字，一个月算30天3000字，一年36000字，半本书就写出来了。

不写100字，晚饭没得吃，觉没得睡，试试看！一下子就写出来啦！

3. 定地点——仪式感，熟悉感

固定一个地点，每天到了这个地方，坐下来写作。年深日久，这个地点会让你有仪式感、熟悉感，也就有了写作灵感。写字台、书房、餐厅，或者一个安静的小角落，都可以。

法宝之二：发表法

不要以为发表是一件很困难的事情，其实发表可以很简单。给大家讲一个管理心理学中关于灯光与劳动效率的故事——霍桑试验。

1924—1932年，美国哈佛大学教授梅奥在霍桑工厂进行了一系试验，目的是弄清照明的质量对生产效率的影响。最后，试验证明灯光与工人的劳动效率没有明显相关。但是在试验过程中，所有工人的劳动效率都提高了，为什么？最后心理学家发现，因为有关注。有关注，人就会有动力，就会专心致志，就会全力以赴。同样，你的微信公众号被别人关注到了，你就会始终想着有人在关注你，就会把自己最好的状态调整出来。

关注的力量，不容小觑。

1. 朋友圈发表

想到了就发，随时，随处，随性。如下文字，就是我在朋友圈的随性写作，很有意思。

2013年9月6日：无意翻出假期里的照片，心里一阵温暖。八月初回老家，妈看到我的车很脏了，二话不说，和老爸拎来一桶桶水，把车洗得干干净净。咔嚓、咔嚓，阳光下，二老忙碌的场景被永远定格。傍晚，妈又打来电话，说已经把门前的菜地平整为水泥地了。她说，过年的时候，你们姐弟的车停不下，所以把菜地改为停车场。妈还说，你爸心疼了好几天。二十多年的菜园，没了。我听了，又一阵感动。这点点滴滴啊，就是深沉的爱。也许他们一辈子都没有说过："儿子，爸妈爱你。"但爱就这样自然而然地藏在这平淡无奇的小小细节里。中秋快到了，决定回老家看看他们。在此，也愿所有朋友父母身体康健，也愿你们家人幸福。

2019年10月11日：早上六点半，杭州出发。应知联会邀请，回家乡温岭为中小学教师讲教育生涯中的关键事件。十点多抵达温岭，见缝插针，赶到老家，见了老父亲一面。中午，至开了三十年的老海鲜姜汤面店，吃碗猪肝面。讲毕，返家，晚上八点半。

昨日晚餐。
父亲吃一个小馒头，母亲吃一个小馒头碗里还剩下一个。
父亲把馒头一分为二，"老伴儿，你一半我一半。"
看着二老分食馒头，我微笑。
饭毕，散步。老父亲揉腹："今晚吃了两个馒头，有点儿多了。"
母亲提醒："你吃了一个半。"
"不对，我明明吃了整两个。"
"你真的吃了一个半，那半个我吃了。"
"不对，我还没糊涂呢，我就吃了两个。"
我再也笑不出来。

中午，打开冰箱，有气味。各种食品塞得满满。百合干潮了，西洋参零散着，没吃完的面和蔬菜放在一个格子。
一边收拾，一边嘱咐："老娘，你没事时要多收拾收拾，学会分类，冷菜放在这一格，蔬菜放在这一格……"
一转头，刚才还笑眯眯看着我的母亲，靠在老藤椅上打起瞌睡了。两手抱在胸前，头微微歪着，下垂的眼睑、下垂的皱纹、下垂到藤椅中的身子。
我静静看着。
没一会儿，母亲又醒了。
她像做错了事儿的小孩，有点儿不好意思："最近好像越来越不想动，只想坐着。也不敢睡，不然夜里就没睡眠了。"
我鼻子酸酸的。

从"微笑"到"再也笑不出来"。老人就在我们不知不觉之间老去，淡淡的伤感都在文字当中了。我的朋友圈经常会发这些碎片化的文字。这里面有一个好词好句吗？并没有。这些小事情被我记录下来，为生命存档。

后来，我把这些点点滴滴都写到了我的散文集《刚好遇见》里。朋友圈的写作，就是这样点点滴滴、零零碎碎，但也可以连珠成串、聚沙成塔、集腋成裘，终成一书。

2. 口头发表

作为老师，我们每天说的话那么多，是不是也可以成为自己写作的素材呢？老师，要逼着自己训练口才。

比如把班级里刚发生的事情，快速总结提要，把要讲的内容快速构思。在学生面前讲，讲着讲着，你会发现越讲越自信，越讲越流利。

比如在学生面前讲一些有意思的小故事。讲着讲着，突然中途停止，让学生猜一猜发生了什么事情。时不时问他们，接下去会写什么？孩子们就会乐此不疲地口头续写故事。因为没有限制，他们想到什么觉得合理，就说什么，特别快乐。

还可以写一些适合读给学生听的故事，利用课间或者课前一两分钟，用自己喜欢的或者学生喜欢的方式，读给他们听。你会发现，很快就会收获一批小粉丝。

曹秋英老师就喜欢以这样的方式给孩子们讲故事，她的很多故事也是这样写出来的。

飙哥与小亮仔的兄弟情

曹秋英

大概是小亮仔参加全国计算机比赛回来，飙哥就与他成了铁杆哥们儿。小亮仔这人，说话呛死人，情商低，没什么朋友也是情理之中的事情。

关键是，没什么朋友他也不觉得孤单，上课想听的时候听，不想听的时候玩玩《三国杀》、睡睡觉。下课哪里有的玩就凑过去，人家同意他加入玩，他就玩；若是人家不同意，他就站在一边看，决不打扰谁。

猜一猜，老师接下去会写他们的什么故事？

飙哥不一样，飙哥是有兄弟的，他与帅哒哒形影不离，两人坐在前后排。飙哥上课还要偷偷转过去，看一眼帅哒哒。下课就更不用说，两人就好像捆绑在一起似的。吃饭、上厕所、玩，都是同时现身，就连看的书，两人也是很一致。谁也没有想到，小亮仔竟然潜入了他们的二人世界。罪魁祸首，是飙哥。

猜一猜，小亮仔用了什么手段潜入他们的二人世界？

3. 多媒介发表

博客、简书、QQ空间、微博、微信公众号、视频号、知乎、小红书……现如今自媒体十分繁荣。每一个体都可以拥有自己的媒体，每一个"草根"都可以利用互联网来表达自己的观点、传递自己的生活感悟、构建自己的社交网络。

有些人喜欢用简书，有些人喜欢用QQ空间。目前我觉得还是微信公众号比较好，因为微信的适用范围最广，别人可以通过公众号关注你。你写着写着，还会有机会发在纸质媒体上。

对于写作刚起步的老师来说，可以先写豆腐块的文章。教学随笔、教学札记、教学片断、名师课堂片断赏析、与名师商榷等都可以。草根名师曹秋英，就是这样起步的。而今，她已经正式出版了四本书。

我从参加工作起就写教学反思，每天每天写，写了四五年，两百五六十万字，第五年才发表一篇豆腐块文章。一旦有了成功的经验，你就会找到窍门。现在，我工作十五年，近十年发表了三十余篇文章。

这是我长期坚持写作的收获。

——曹秋英

法宝之三：建圈法

一个人就是他读过的书、走过的路和他朋友圈的总和。互联互动的时代，信息高速传播。我们可以建很多个不同的圈子。

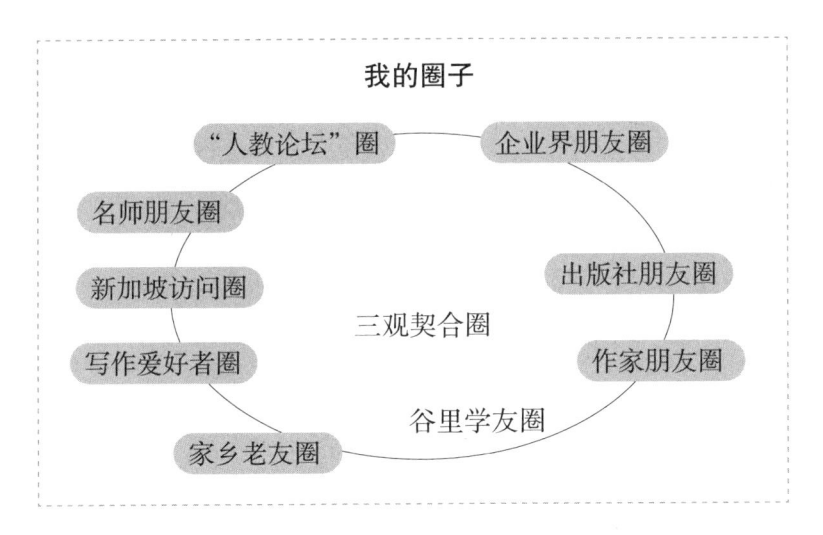

我的圈子

- "人教论坛"圈
- 企业界朋友圈
- 名师朋友圈
- 新加坡访问圈
- 出版社朋友圈
- 写作爱好者圈
- 作家朋友圈
- 家乡老友圈
- 谷里学友圈
- 三观契合圈

如果总是定格在你身边已有的圈层，你的视野就无法打开，你永远只能看到你身边熟悉的风景。

不出去，你以为眼前就是世界。一个不出远门的人，会以为家门前的小河就是长江。只有走出去了，见到了广阔的世界，才知道真正的长江是怎样的。

教师成长，也是这样。只有参加优质的培训，才能找到优质的圈子。找到了这个圈子以外更优质的圈子，这就是慢慢向优秀靠近。我们要不断大浪淘沙，寻找精神尺码相近的人。

怎样寻找优质圈子呢？我有三个金点子。

1. 关注感兴趣的微信公众号

平常，我们可以有意识地寻找一些自己感兴趣的微信公众号，在文章后留言，寻找气质相投的人。如果他有回应，说明你们的精神尺码相近；如果没有回应，也没有关系，缘分未到。

2. 建立微信小群，深度探讨

建微信群，相互探讨。

文章的题目，怎么写比较好啊？我今天写这个内容，你觉得好不好？我的文章怎么样……

通过小范围的微信群，和三五知己好友，共同读书、共同写作、共同探讨关于教育教学的思考，相互切磋，激励成长。

3. 建立机制，奖勤罚懒

你追我赶，共同提高。谷里书院的线上写作营，就有不少老师自己组建小群，挑战日更，完成不了任务的老师在群中发红包作为惩罚，以此来激励自己。谷里写作营，还有一个"挑战七年"的项目。参与的老师，交保证金199元，七年时间，每个月写4篇文章，每年深度阅读7本书。

坚持写下去，会怎么样呢？我们来看看一位老师的成长感悟。

谷里书院三个月的线上写作营训练，是我写作的转折点，改变了我的写作命运，我出版了专著。

在谷里书院线下写作营，我不仅听到了很多大咖的写作心路，还结识了很多优秀的小伙伴。

【结束语】

我坚定地相信，只要大量阅读，只要专注写作，你的文字一定会越来越好！

一事专注，便已动人；

一生专注，更是深邃。

如果你经常觉得自己写不出东西来，是因为你阅读的功夫下得不够，我们一定要多阅读。

当你写出了特色，写出了品牌，你就会发现自己写作方面的不足，你会倒逼自己去成长——读更多的书，认识更多的人，经历更多的事。

写作，是学习的开始。经由手中的笔，你会打开一扇窗，你会看到更辽远的地方。

第三讲

串珠成链——如何系统开发写作素材（上）

从《给语文教师的新建议》一书的诞生说起

这本书是 2020 年出版的。出版三周年，重印 15 次，近 10 万人读过。

这其实是一本关于教学经验的书，没有高深的理论，也没有什么拿去就可以让你立马提高教学水平的东西。为什么这么受欢迎呢？

可能与其中一个章节分不开。有些老师对第一章里的内容非常感兴趣，尤其是《我的败课史》："原来祖庆老师也有这么狼狈的时候？"是的，真实、真诚，用讲故事的方式介绍我对语文的理解，这可能是我这本书跟其他的书不一样的地方，也是最能够吸引人读下去的原因。

这本书非常真实，甚至把我最不堪回首的往事都写下来。其实，这整整的一本书，讲的都是课——

它紧紧围绕着"课"来展开，一共有四个章节。

第一章，我的公开课《史记》；第二章，上好公开课的秘诀；第三章，对家常课的反思；第四章，如何看懂别人的课。

我的败课史 VS 我的高光时刻

现在，我要和大家重温一下这本书中最受欢迎的章节——《我的败课史 VS 我的高光时刻》。

2010年11月的一天，我接到济南一个主办方的邀请，上一节"狼牙山五壮士"。当时，我提出了三点要求：第一，一定要用原班学生；第二，提前把课文读5遍；第三，让学生看一遍电影。结果，到现场一看：主办方给我一班"杂牌军"（二到六年级的孩子都有）。

我傻眼了！

我问主办方："课文有没有读？电影有没有看？"

"课文纸还在这呢，电影根本来不及看。原来的校长不让孩子们出去借班，我只好到辅导机构临时拉了几个学生。"主办方无奈地答。

这课怎么上？我千预测万预测，万万没有预测到这样一种状况。我只能硬着头皮上。读第1段，我范读，自己声泪俱下，可孩子们一动不动，一张张脸像一块块门板。我一段一段教下去，最后，我实在教不动了。我只好很尴尬地说："接下来老师提问，老师替你们回答。"

你们遇到过这样糟糕的情况吗？再怎么糟糕也不会像我这样尴尬。于是原本80分钟的课，我只上了四十几分钟就狼狈地落荒而逃。以致后来一听到"济南"两个字，我的脸就会唰地一阵红。

心有余悸！

回来后，我一个劲儿地埋怨主办方："你怎么给我这样一帮学生？存心丢我的脸哪！丢我的脸砸你的牌子啊！"

可是后来，我在于永正先生的一本书中读到一个故事。大意是——

某次公开课，于老师碰到同样不举手的学生。于老师不着急，说："同学们，你们跟我来读课文。"于老师边读课文，边把每一个小朋友的脑袋摸了两遍。然后，于老师问："小朋友们，现在我要提问了。能回答呢，你就举手；如果不能回答呢，你就不用举手。你手举起来就可以了，不需要你回答。"小朋友一看这么简单。"刚才你们的小脑袋被我摸了的举手。"全班小朋友都举手了。然后，于老师又问："今天我们学习的课文题目叫什么呀？"小朋友一看，这个很简单，就举手了。于老师很激动，说："恭喜你们，你们不但会举手了，而且会回答了。"就这样慢慢地放松下来，课也渐入佳境。

我终于明白了：我那堂课上砸了，并不是主办方的原因。哪怕是这样糟糕的情况，我还是有办法让学生在原有基础上前进一步的，至少可以带着学生把课文读熟，把词语教会。可当时我一心想着要展示自己文本细读的功夫，展示自己的精彩设计，忘了我是为学生服务的。

我在《我的败课史》里写道："学生观不同，课堂便不同。如果一个老师眼里只有自己，目中无'人'，那么课堂就会山穷水尽；如果目中有'人'，那么我们的课堂就会柳暗花明。所以老师要做一个'报春使者'，要做到'俏也不争春，只把春来报'。"

是的，老师的使命是帮助学生学习，而不是展示自己的精彩。当我感悟到这一点后，不管怎样的尴尬局面，我都能够应对——因为我已经经历了最糟糕的课堂，以后不管怎么上，都会比这堂课上得好。有了正确的学生观、教育观，加上自己内心越来越强大，此后无论遇到怎样的情况，我都能够"兵来将挡，水来土淹"了。

再比如那一年在徐州上《神奇飞书》，课上到一半，突然停电，屏幕不亮了，话筒没有声音了。我灵机一动，让学生走到讲台上，用"洪荒之力"对着全场喊话，让所有老师都听得清清楚楚，孩子们的表现非常精彩。电来了，孩子们居然不愿意转回来。他们说："老师，坐着上课很舒服。"于是我干脆让学生转过来席地而坐，孩子们同样上得津津有味。这样一堂课，如果没有断电，它依然可以上得很精彩；但正是因为断电了，我上出了一堂非常震撼的课。全场的老师这一辈子一定会记住这一幕。为什么？因为我有了当年那一堂课的垫底。

2020年12月，我在昆明某青少年宫，没上课就停电了。怎么办？我试图用徐州这堂课的方法去应对，让听课老师在黑暗中上一堂口语交际课。没想到听课老师不买账，在底下喊："黑，看不见！""退票！""太冷了！""太黑了！"……天哪！那怎么办呢？这时候，我突然下意识地把自己手机的手电筒打开，晃了一晃。这时我看到台下，有很多老师也打开手电筒呼应我。我马上有了主意，灵感来了，有救了！

我马上向现场招募十位点灯人——让老师们用自己的手机点亮课堂。点灯人上来为孩子们打灯，孩子们就在灯光下写现场发生的事情。这样的经历孩子们从来没有过，他们就在十几位点灯人的手机灯光的照亮下，唰唰唰地写着此时此刻正在发生的事情。我请孩子们上台分享，依然有点灯人为他们照亮。孩子们写得可好了，你看标题就很有意思——"无声的关爱""夜空中那盏灯""一节终生难忘的作文课""我也要做那颗最亮的星""星光作文课""手电筒的光在每个人的心中""夜空中最亮的星""人生道路的灯"……

我现场对他们点评："为什么咱们的开头都是进入教室一片漆黑？为什么不能用'最闪亮的这一幕'作为开头呢？为什么不从台下闪闪烁烁的银河开始写呢？为什么不从张老师灵机一动请老师们上台这一幕开始写呢？

"写作文，有一个物理的时间，也有一个心理的时间。物理的时间，就是先后顺序。但是心理的时间，它可以把后发生的事情移到前面来写，把印象最深的一幕展示给大家。这样，作文就有了吸引人的力量。"

孩子们马上就明白了，现场修改。

这是多么浪漫的一堂课！

我曾经读过木心写的一句诗："我是一个在黑暗中大雪纷飞的人哪。"那一刻，我忽然想到我可以写一个故事，我写下了"那节黑暗中大雪纷飞的课啊！"这样的课，非常浪漫。

平常的写作，要善于记录关键事件，在至暗中窥见光亮，在光亮中发现教育的诗意与哲理。如此，哪怕是最糟糕的时刻，我们也依然可以点亮自己。

《给语文教师的新建议》这本书中，有无数这样真实的事件。一篇一篇文章，就像一颗一颗的珍珠，串成了一串一串的项链。听课史、仿课史、磨课史、裸课史、说课史、评课史、辩课史、换课史、败课史……这9个"课史"组合在一起，让这一本书拥有了真实的力量。

这本书的写作，实属无心插柳。我写下第一篇《我的磨课史》，很受老师们欢迎。于是我就给自己列思维导图，我还可以写什么？从磨课、听课、换课、评课、说课、辩课、败课……一路写下来。先是"无心插柳"，再是"有心栽花"。于是就"栽"出了这本书。这就叫作"串珠成链"——把一颗颗珍珠串成了一条项链。

寻找属于自己的闪闪发光的句子

怎样写，才能串珠成链？

其实，难度并不大。所有的文章都是由句子组成的。写文章从寻找句子开始。把属于自己的那个闪闪发光的句子找到了，你就会像打通了自己的任督二脉，你就能写出一连串漂亮的文章。所以，我们要试着去寻找属于自己的闪闪发光的句子。

被誉为"电报式写作"的海明威，他说了一句非常经典的话："寻找属于自己的句子。"

看看下面这些句子，都是属于谁的——

多年之后，面对刑警队，奥雷良诺·布恩地亚上校将会回想起，他父亲带他去见识冰块的那个遥远的下午。

这是大家都很熟悉的马尔克斯《百年孤独》的著名开头。
这个句子，写了三重时间，非常棒。中国好多作家，都在学习这个句式。

忠厚老实人的恶毒，像饭里的沙砾或者出骨鱼片里未净的刺，会给人一种不期待的伤痛。

这谁呀，这么刻薄？这是钱锺书《围城》里的句子。《围城》里这样精彩的比喻随处可见。读这本书，你简直走进金句宝地，俯拾皆是。

闻君有白玉美人，妙手雕成，极尽妍态，不胜心向往之。今夜子正，当踏月来取，君素雅达，必不致令我徒劳往返也。

这是出自哪里的句子？这是古龙的《楚留香传奇之血海飘香》里的句子。那种神秘、雅致、血腥、浪漫，让人叹为观止。

当一个人的岁月像荒野一样敞开时，他便再无法照管好自己。

刘亮程的散文写得极好，你随便翻开一页，就知道这必定是刘亮程的文字。
这就是属于作家的独特的句子。
每一个人都可以找到属于自己的闪闪发光的句子。找到属于自己的句子，打通自己的生命，就会让文字彰显自己的精神气质。

从"我"入手，寻找属于自己的句子

从**我**入手，寻找属于我的"**句子**"

我是谁？
名字、长相、性格、脾气、爱好……

哪些人影响着我？
亲人、朋友、师长、同学、发小、陌生人……

哪些经历塑造了我？
十大系列、高光时刻、灰暗时分、旅途岁月……

哪些书滋养了我？
古代的、现代的、中国的、国外的、文学的、非文学的、理论的、实践的……

寻找属于自己的句子，当从"我"入手。西方谚语说："人啊，认识你自己！"我们终生都在认识自己，寻找自己。谁敢说你真的认识自己吗？人这一辈子，就是认识外在世界和探索自己内心的双重过程。

我曾经在"得到高研院"学过三个月。第一节破冰课，印象非常深：老师让伙伴连续问7分钟的"你是谁？"我们要不假思索地回应——

你是谁？我是24岁男孩的父亲；

你是谁？我是一个教龄34年的语文老师；

你是谁？我是一个曾经当过副院长，现在辞职的语文老师；

你是谁？我是一个创业者；

你是谁？我是一个斜杠青年；

你是谁？我是一个正在讲课的男老师；

你是谁？我是……

说着说着，你会发现一个连自己都不认识的自己；说着说着，你会泪流满面；说着说着，你会直抵自己的内心。

回应"我是谁"，是在不断定义自己、重新认识自己、深度探索自己……

这个游戏，大家不妨去做一做。

那么，从"我"入手，寻找属于"我"的句子，有哪几个维度呢？

你可以关注"我是谁？"——关注自己的名字、长相、性格、脾气、爱好、交际，关注自己一切的一切……

你还可以梳理"哪些人影响着我？"——亲人、朋友、师长、同学、发小，也许是一个陌生人……

你再回想"哪些经历塑造了我？"——你可以寻找十大系列，寻找高光时刻，寻找灰暗时分，回顾旅途岁月，回顾人生的关键事件……

你还可以去追问"哪些书滋养了我？"——古代的、现代的、中国的、外国的，文学的、非文学的，理论的、实践的……

当你从这四个维度去剖析今天的你是怎样形成的时候，你会突然发现，原来你可以写的东西是那么多，原来今天的你是由一个个不同元素共同组成的，所有的过往共同铸造了今天的你。

1. 我是谁？

我曾经围绕着自己的名字写了好几篇文章。

我有几个名字。小时候，我的名字叫"张才彪"，有才的"才"，彪悍的"彪"。可是后来我觉得这个名字怎么那么俗气！正当我自己想改名字的时候，我的外婆给我改了名字。我舅舅结婚比较迟，外婆看着别人都有孙子孙女了，她很想要一个孙子或孙女，于是给这个外孙改成蒋姓"佐"字辈——"张佐清"。上初中，我学到清朝的历史。学到清朝是那么腐朽没落，我的名字，居然是"佐清"——"辅佐清朝"！我那个气啊！一怒之下，我把自己的名字改成了"张祖庆"。为这，我写了一篇《名字的来历》。

关于绰号，我最早的名字，叫"张才彪"，村里人都叫我"老镖头"——这个"老镖头"没有接过一趟镖。大概到了十一二岁的时候，我经常眼睛一眨一眨的，好像是一种神经性的眨眼。每每人家叫我"眨眼"，我就很生气。

在温岭太平小学工作的时候，不知道怎么回事，几个同事背后叫我"三爷"——我到现在都不懂为啥叫我"三爷"。哈，我那个时候就成"爷"了。

再到杭州现代实验小学，有一个学生作文里写"有佛祖罩着我们，我们不孤单"。我问学生："'佛祖'是谁啊？"他指着我说："张老师，就是您啊！您看您挺着一个大肚子，好像一个佛祖的样子。"于是这个名字就传开了。之后，小范围，大家就叫我"佛祖"。（实际上不能这样亵渎佛祖。这个绰号，我自己不认，但是有小范围在叫，也没办法。大家公开场合千万不能这样叫。）就这样，我就把自己的名字背后的故事写成一篇文章：《从"老镖头"到"佛祖"——我的绰号史》。

除了名字、绰号，我们还可以写写不一样的"我"。

书法家启功先生的自撰《墓志铭》就很有意思——

中学生，副教授。博不精，专不透。名虽扬，实不够。高不成，低不就。瘫趋左，派曾右。面微圆，皮欠厚。妻已亡，并无后。丧犹新，病照旧。六十六，非不寿。八宝山，渐相凑。计平生，谥曰陋。身与名，一齐臭。

你看启功这个老头儿多么有意思啊！达观、幽默、好玩……用"三字经"来介绍自己，自黑。"高级黑"，有创意！

再比如，台湾作家林世仁，用长短句的方式来介绍自己——

人儿高，影儿瘦，写书不怕眉儿皱。

最爱清闲时候，三两好友，随处乱走。

年岁不小，心儿不老，尤爱青春好。

偶尔写诗，常忆往事，常似少年时。
心闲散，手脚慢，
爱听唱片，爱爬小山；
也爱人间，也美神仙。
爱读书，爱写书，出过几本书，
希望春常在，活到老，写到老。

一个幽默的、好玩的、阳光的作家形象就跃然纸上。
还有一个人的自我介绍，写得特别有意思——

这家伙瘦得像一条老豇豆悬摇在秋风里。别可怜他，他精神好得很，一天到晚，信口雌黄，废话特多。他那鸟嘴1957年就惹过祸了，至今不肯紧闭。自我表现嘛，不到黄河心不死！

说他是诗人，我表示怀疑。

第一，据我观察，他几乎不读诗。每天他溜下楼一两次，到街上去逛报刊亭。诗歌刊物啦，别的文学刊物啦，他一本都不买，倒去买些莫名其妙的印刷品，而且期期必买，诸如《化石》《海洋》《科学画报》……

这类玩意儿对写诗有个屁用，他倒夜夜狂读不已，好比吸毒上瘾一般。此外他还嗜好侦破小说——低级趣味！

第二，据我了解，前几年他确实写过诗，近几年几乎不再写诗了。江郎才尽，所以才去写些莫名其妙的文章，骗稿费嘛。几乎不写诗了，还算什么诗人！

最可笑的是，第三，他根本谈不出写诗的经验……

看这家伙怎样写诗，实在有趣。他在一张废纸上面涂涂抹抹，一句句地慢慢拼凑，一字字地缓缓雕琢，真是老牛拉破车呢。嘴里还嘟嘟哝哝，就像和尚念经，看了叫人心烦。又常常停下笔查字典，一点也不爽快。

这样磨磨蹭蹭，冷冷静静，斤斤计较，还有屁的灵感……

说到诗风，这家伙极顽固。人家都在更新观念，纷纷地"现代"了，他还在弄传统，讲求形式节奏之美和音韵平仄之美，要求易懂，要求朗朗上口，真他妈的见鬼！我相信年轻人决不愿意读他的诗。历史将淘汰他，无情地！

这家伙最怕我。每次去看他，他都躲入镜子，和我对骂，就是不敢出来。

"这家伙最怕我。每次去看他，他都躲入镜子，和我对骂。"读到这儿，你一定恍然大悟了，原来写自己啊！

用这种方式写自己的人是谁？是流沙河，非常有意思的老作家。

咱们可不可以来一篇《这家伙……》？就写自己。貌似在骂自己，实际上是说自己不跟别人同流合污。

从"我"入手，寻找属于"我"的句子：名字、长相、性格、脾气、爱好、不堪回首的往事……这些都是从"我"入手。

2. 哪些人影响着我？

我们也可以写一写身边的人，一些影响着我们成长的人，如亲人、朋友、师长、同学、发小、陌生人……这些人都可以写。

我写过亲人系列。祖父、父亲、母亲、儿子、妻子，我都写过。

我写过求学系列。2020年的正月，我写了《温岭师范三年》，写了三四天时间，改了十几稿。发出来之后，师范学校的校友和师长齐齐刷屏，大家都说写出了那个年代师范的生活。这篇《温岭师范三年》，用近乎白描的手法，把自己所处的校园环境、遇见的老师和难忘的往事……一段一段写下来，引发大家的共鸣。谁没有求学的经历呢？谁没有有意思的故事呢？这些属于你的独一无二的故事，是你的素材宝库。

我还写过长辈系列，如于永正先生、贾志敏先生、支玉恒先生……

写支玉恒先生的文章有三篇。支玉恒先生非常"真"。有一回,在浙江黄岩体育馆上《太阳》一课,进行一个关键词语串联,支老师没讲完,学生就接下去了。支老师问:"你怎么知道?"学生回答说:"我们老师讲过了。"支老师当场就把粉笔扔掉了。这件事就写出他的"真"。

北京著名特级教师张光璎,我写她什么呢?写她的低调。她的父亲,曾经是赫赫有名的人物,其篆刻被齐白石代订润格为每字四万元(旧币)。我跟张光璎老师交往十几年,她都没有告诉我,直到她送给我一本她父亲的书,我才恍然大悟,原来她家世如此显赫。有人要给张老师做八十大寿,办一个重大庆典,她断然拒绝:"我只不过是一个退休的老太太,你们给我庆什么功呢?我有什么教学思想呢?"你看,这就写出了张老师的谦逊低调。

每一个人,你抓住一两个方面的特点来写,这个人就写活了。王崧舟老师,我写他是"贵人";支玉恒老师,我写他的"真";于永正老师,我写他的"诚"。我也写过管建刚、李祖文、周其星等同辈名师。写着写着,这些文章,就成了一颗颗珍珠,我把它们串联在一起,就串成了《刚好遇见》这本书。

这就是,串珠成链。

3.哪些经历塑造了我?

(1)十大时刻

十大最奇妙的时刻、十大最光荣的时刻、十大最可怕的时刻、十大最受启发的时刻、十大最失望的时刻、十大最欢呼雀跃的时刻、十大不亦快哉的瞬间等。

(2)十大事件

清少纳言的《枕草子》,就写了很多"……的事"。比如扫兴的事、容易宽懈的事、使人惊喜的事、怀念过去的事、愉快的事、四时的情趣、最担心的事、无可比喻的事、稀有的事、无聊的事、可惜的事、开心的事、优待的事、可怜相的事、漂亮的事、优美的事、难为情的事、懊悔的事、愕然的事、遗憾的事、前途辽远的事、不祥的事、感觉无聊的事、消遣无聊的事、无可取的事……这不正是生活当中经常会发生的吗？拿出一张纸去列一个思维导图，你会发现有源源不断的东西涌出来，原来这些都可以写成文章。

（3）十大事物

十大喜欢或讨厌的事物：10部我最喜欢的电影、10本我生命中最重要的书、10首我百听不厌的音乐、10个我最喜欢的城市、10座我最向往的山、10个我最喜欢的湖……或者10部我最讨厌的电影、10本我最讨厌的书、10首我最讨厌的音乐、10个我最不喜欢去的地方……是不是可以罗列出一大串内容来？

为何要以"十"为基数？这仅仅只是一个惯例。"六"也可以，"九"也可以。不一定非要"十"，这个"十"是虚指。

（4）十大"遗愿清单"

我们甚至可以夸张地写一个"十大遗愿清单"。这真可以写。每个人都可以写出不一样来。

《遗愿清单》是一部很治愈的电影，当你郁闷的时候，心情灰暗的时候，看一看这部电影，你将会获得一种力量。

你敢不敢写下你的"十大遗愿清单"呢？或者"我人生下半场最想实现的十大愿望"，也可以写一篇文章。

（5）十张"最有故事的照片"

没内容写了？去翻翻自己的相册吧。

翻着翻着，你一定会发现，照片里面藏着很多有意思的写作素材。

每个人的相册里，一定会有一些想起来就觉得非常有意思的照片。找出十张照片，是一件很简单的事情。

找出来之后，你回忆的大门就打开了。

我们来看看这张照片。

在宁波江东的一次儿童阅读论坛活动中，梅子涵老师评成都卢洁萍老师的课，他提醒说老师不能叫学生为"孩子们"。我"噌"地举手了："梅老师，我有不同的想法。我在自己的班级，一直叫学生为'孩子们'的，孩子们同样很喜欢我呀，不影响我们师生关系。为什么不能叫学生为'孩子们'呢？"然后李祖文说："梅老师，我也赞同祖庆的观点。我觉得叫什么并不重要，为什么非要叫'同学们'？叫'孩子们'叫'同学们'叫'小伙伴'都可以，师生关系融洽就可以了。"这么一回事情，非常有意思。后来我又觉得很难为情：大庭广众下的，为这么一个小事情跟这位教授争执。后来我每一次见到梅老师，都躲得远远的。直到有一次去接梅子涵老师，我才跟他坦白了。梅老师说："这个早就过去了，有什么好计较的？我一直对你们两个傻傻分不清楚。到底哪个是李祖文，哪个是张祖庆？你们两个，倒真的有点像。"这段往事，非常有意思。现在，我绝对不会这样鲁莽地为这件小事跟一个教授当场争辩。当时年轻，不知天高地厚。哈，青春是可爱的，青春是值得致敬的。所以，这张照片叫"致青春"。

生命中，谁没有这样一些有意思的照片呢？

理一理你的相册，你会发现很多很有意思的素材。从一大沓照片中选一些有意思的，然后为照片配文字，你的过往就定格在文字里面了。把这样的照片整理出来,就能串成一个非常有意思的系列。

努力去寻找属于自己的"十"系列。你可以找到很多写作的素材,写着写着,说不定就写出了一本散文。

4. 哪些书滋养了我?

寻找属于自己的句子,我们还可以盘点哪些书滋养了我。

(1)把阅读史叙事当作习惯

什么叫作阅读史叙事呢?就是把自己曾经读过的书一本一本盘点下来。写一写曾经读过什么书,哪些书自己印象最深,把它写下来,这是一件非常有价值的事情。不要小看这件事,我们一定要重视阅读史叙事。写着写着,你会发现你的生命受哪几本书影响非常深,你的阅读哪几个板块是有欠缺的。

我能够成为特级教师,能够在教书两到三年间,就迅速脱颖而出,跟我的阅读积累是分不开的。盘点自己的阅读史,我发现自己读得最多的就是文学作品。

教师专业类书籍中,对我一生影响最大的书就是于永正先生的《教海漫记》,两个版本我都有。《教海漫记》这本书是教育叙事的典范,文字清清浅浅,但是所讲的道理深入浅出。这本书被誉为"中国的苏霍姆林斯基的《给教师的建议》"。

我还喜欢把一些相关的、类似的书放在一起比较着阅读。比方说自然主义的书,《沙乡年鉴》《瓦尔登湖》《林中水滴》三本书可以放在一起阅读。

刘亮程的《一个人的村庄》和李娟的《阿勒泰的角落》,都是西北大地中生长出来的一种另类的书写。

这个世界上有两本《人间草木》。一本是汪曾祺的,一本是周宁的;一本是讲人间的草木,一本是讲大师远去的背影。两本可以放在一起比较着读。

《霍乱时期的爱情》可以跟《呼啸山庄》对比着读。

写"死亡"写得最好的,我认为是《额尔古纳河右岸》跟《活着》。

我们还可以读点儿童阅读推广理论、案例方面的书,读点家庭教育方面的书，读点管理学方面的书，读点关于读书的书（见本书的推荐书单）。

（2）写好阅读叙事

阅读叙事，我们不妨分类写。比如一段时间读了幻想小说，就对幻想小说做个盘点。还可以按学期写、按年写，或者五年、十年地写。写这一段时间读过的印象最深的书。这几年，我每年都会写"杂书过眼录"。

怎么写？

第一，切忌只做"文抄公"。

我关注到有些老师写读我的书。比方说《给语文教师的新建议》，第一章写了什么，把句子摘出来；第二章写了什么，把句子摘出来；第三章写了什么，把句子摘出来。到最后，摘完了，就没了。他只做了"文抄公"。

可以说，你还没有完全读懂这本书。你要做一个内化的工作。比如你看到祖庆老师提到的关于"裸课"的观点，颇有同感，你也去尝试。尝试过一段时间，发现自己有改变，然后，写下来。这样写，才能够把你对这本书的理解传递给读者；否则的话，你只是一个复读机、传声筒。

写阅读叙事也好，写读后感也好，一定要有重点、有思考，联系自己的经历、联系身边的现象，这样，才会引发大家的共鸣。否则，你只是做了搬运工而已。

第二，展开来写。

写阅读叙事，千万不要只写我读了什么，列一个目录，蜻蜓点水地写，这远远不够。比如读苏霍姆林斯基的《给教师的建议》，我是什么时候读到这本书的，这本书主要讲什么，我印象最深刻的观点有哪些，摘录，归纳；或者谈谈你自己是怎么理解的。还可以写让你最有启发的，或者让你改变最明显的是什么。一定要展开来写。但并不是说每一本都展开，假如你一年读20本书，这20本书中你总有印象最深的三五本吧，每一本写个五六百字，一篇三四千字的文章就写出来了。

我在15年前读到普鲁斯特的《追忆似水年华》，一部200多万字的小说，文字非常优美。我印象最深的是他吃甜点的那一段往事,如花瓣一样,一瓣一瓣地掰开。这样的书,我们可以关注精妙的比喻,关注意识流的写法,关注风景描写、对一些特殊人物的刻画等。写读后感时,可以选取你印象最深的那些内容和印象最深的观点,甚至一些过目难忘的句子,把它们摘出来,并且适当展开。

比方说《教育的情调》这本书,我可以写我对书中哪个观点印象最深,我是怎么理解这个观点的;经由这个观点,我改变了自己哪一个习惯,或者对哪些观点持保留态度。或者写写因为这本书,我带着学生做了些什么,我和家长一起做了哪些方面的努力……一定要围绕某个重点,展开来写。这样写出来的文字,有内容,有观点,有启发,有改变。这才是你的阅读生命叙事,而不是泛泛而谈。

深度阅读,让时光停留在这本书上。停下来,聚焦,放大。把句子放大,把观点放大,把自己融进去,你就写好了一篇阅读叙事。

第四讲

串珠成链——如何系统开发写作素材(下)

从"我"的专业入手,建造属于我的"王国"

> **从我的专业入手,建造属于我的"王国"**
>
> **优势领域**
> 班级管理、家校沟通、课堂教学、课程建设、项目学习、整本书阅读、绘本读写、亲子阅读
>
> **名师研究**
> 1. 微格研究:导入、问题设计、词语教学、朗读教学、板书艺术、理答艺术
> 2. 教学片断对比研究
> 3. 名师深度访谈
> 4. 与名师商榷
>
> **学生素描**
>
> **真实问题研究**

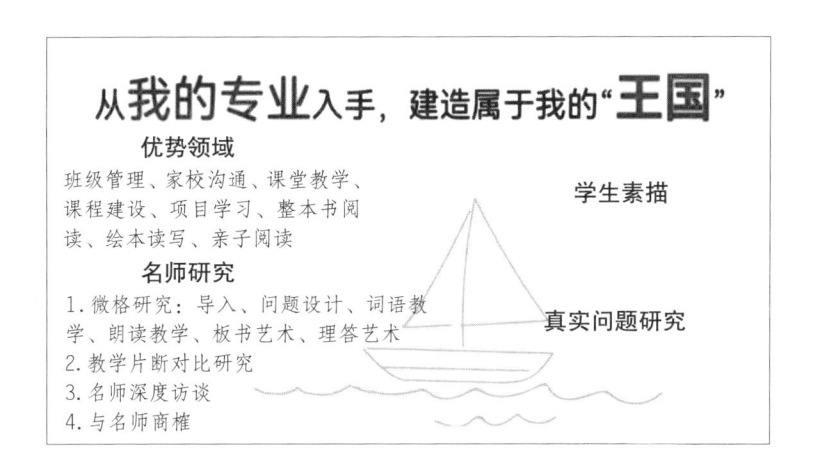

第二个板块非常重要,这就聚焦到我们的专业了。前面是站在一个"人"的角度认识自我,认识他人,认识世界。人其实要处理好三个关系:处理和内心的关系,处理和他人的关系,处理和整个世界的关系。前面讲的四个维度,其实就是从这三个层面去分析的。

从"我"的专业入手,建造属于我的"王国"。班级管理、家校沟通、课

堂教学、课程建设、项目学习、整本书阅读、绘本读写、亲子阅读等领域，哪些是你的优势领域？

1. 优势领域

如果你是班主任，那么你就要深挖班级管理的那些小妙招，越小越妙越好。小妙招系列，你可以写出很多很多。你的家校沟通本领特别高，那你就重点聚焦怎样和特殊儿童或优等生家长沟通。家长让你给孩子换位置的时候，你怎么沟通？家长微信群，你怎么管理？孩子表现棒，你怎么跟家长沟通？孩子出了问题，你怎么跟家长沟通？串珠成链，把跟家长沟通一系列你认为做得好的地方，一一列出来。苗旭峰老师的《优秀班主任悄悄在做的班级管理创意》一书，就是讲班级管理的小妙招、微创意。

如果你公开课上得好，怎样课前谈话，怎样激活学生，怎样设计问题，怎样朗读，怎样板书……这一系列内容你也可以一一写出来。

我前几天看过一个老师的文章，他整本书阅读做得非常好，可是他一股脑儿地写，像写课题一样写了一篇长文。我建议，把它切分开来，一小块一小块，比如导读课怎么上，绘本导读课怎么上，成长小说怎么上，历史类的读物怎么上，主题交流课怎么上，阅读单怎么设计，阅读单怎么巧妙运用，阅读单跟主题交流课怎么结合起来……

如果你对绘本有研究，可以进一步聚焦绘本怎么跟低段的读写结合、和创意写作结合。

如果你对亲子阅读有兴趣，你可以专门和家长来聊一聊怎样亲子阅读，不同年龄段亲子阅读怎么做。

你要开掘自己的优势领域，切分、细化、深钻。"宁掘一口井，不挖千条沟。"好多老师写作喜欢到处"挖沟"，结果到处都挖不到"水"。我们要深钻，像钻井一样。我们要做钻井队队长，而不要去拿锄头挖沟。你拿着锄头到处去挖，是挖不到东西的。一个劲儿地往下钻，大地深处会涌出一股清泉。关键看你愿不愿意深挖。阅读要"广积粮"，做课程要"深挖洞"。

前面我举过陈琼老师和她的公众号"22号天空"的例子。（见本书第10页）

陈琼老师每一篇文章都有读者意识，研究家长、班主任需要什么，她就写什么。这样的文章，不仅对读者而言有很好的借鉴价值，对自我专业的提升，也是一种深耕、反思和发展。

2. 名师研究

还有一个领域是对名师进行研究。

第一，课堂微格研究。比方说你研究于永正老师、薛法根老师、蒋军晶老师……聚焦某位名师不同的十节课，发现某个名师的导入有什么特点。其他诸如问题设计、词语教学、朗读教学、板书艺术、理答艺术、读写结合等怎么设置，语用怎么设置，都可以。还可以把几个名师进行比较，如将薛法根老师跟王崧舟老师的理答艺术进行比较。

第二，教学片断对比。虞大明老师上过《金钱的魔力》，祖庆老师也上过；虞大明老师上过《祖父的园子》，祖庆老师上过，蒋军晶老师也上过。三个人上同一个片段，相同点在哪里、不同点在哪里，可以进行对比研究。

第三，名师深度访谈。名师的求学经历，名师的阅读史，名师的挫折，名师的教育思想变化，名师的研究领域，名师的教学风格，名师成长路上遇到的高人、贵人，都可以通过访谈梳理出来。施茂枝老师就对支玉恒老师做了这样的名师深度访谈。我们可以设计若干个问题群，对同一个名师做深度访谈，或者就同一类问题访谈20个名师，也许就能整理出一本书。

第四，与名师商榷。你觉得名师哪一个观点不一定对，心平气和、有理有据地写出来。杂志最喜欢刊登这一类文章，编辑只怕一线教师没想法。所以敢于叫板名师，是最有看点的。你写得有理有据，就容易脱颖而出。商榷类的文章是很容易发表的。我就写过这样的文章，也被别人写过这样的文章。

3. 学生素描

还可以写一写学生素描。曹秋英老师做得非常好，她的《从憨憨到敢敢》《从懵懵到懂懂》就是学生素描的系列小说，都在人民文学出版社出版。通过写学生素描，你会发现你看学生的神情不一样了，你对教育的姿态也不一样了。

寒站站
曹蚯蚓

1

说起寒站站，印象深刻的，似乎打闹的事居多。

上上周二的中午，阳光铺满了整个校园，尽管已是寒冬腊月，搭着太阳的车，教室也是一片明媚，暖洋洋的。吃过午饭，熊孩子们就像家雀儿放飞一样，到处撒欢去了，谁也不见谁的踪迹。

"丁零零……"午休铃声一响，这蹿出一对，那溜来三五个，涔涔的汗珠，晶莹剔透，洒在头发丝里，挂在额前。还有几个双手挂着衣袖，衣服抱在屁股后面，懒懒散散，好不惬意。阳光的气息，真浓。

2

"绕道，绕道，此路不通。"群拥而来的人，嚷嚷着。

"吼吼吼——有劲啊——"看戏的人，从来不缺。

"搞什么，上课了，你们想要蚯蚓的五百字大礼包，我可不想。"后面的人，叫嚣着。

"这后门是没法走喽，前门去吧。两尊大佛在演戏呢。"

看着走进教室门的蚯蚓老师，大家飒飒地走向了前门，麻溜地奔向各自的位置，掏出课外书，开始午间阅读。

"你俩差不多了，回座位看书。"蚯蚓老师说了句。原来，造成交通堵塞的罪魁祸首是小泥鳅和寒站站。

3

这两人打架也挺有意思，没有拳打，没有脚踢，只是固定一个姿势不动。寒站站躺在地上，双腿外八字蜷曲，左手掐脖子，右手抵下颚；小泥鳅也不甘示弱，屁股贴着寒站站的肚皮，双脚跪地，左手撑地，右手虎口状咬着对手的脖子。

"他俩打架，劝不动。"数学费老师刚好来拿作业，看到这景况，上前劝说后，去跟蚯蚓老师说起这事。

"他们不是打架，是在比谁的意志坚强。"蚯蚓老师笑着回答她。

费老师笑着出了教室门。蚯蚓老师上前，伸出手，想拉他们。谁知，蚯蚓老师的热手贴了人家的冷眼，谁都不理她。

蚯蚓老师也不恼，拿出手机，咔嚓，定格了这一瞬间。"好吧，那你们什么时候想起来，再起来。这照片给你们留个纪念。"

教室里，时不时传来唰唰的翻书声，阳光透过玻璃，把孩子们的脸蛋衬得闪闪发光。这样也不错，静谧，和谐。

"老师，你出来一下。"大概是觉得无趣了，两个家伙悄无声息地跑到蚯蚓老师跟前，耳语着。

蚯蚓老师的目光，从书上移到了他们身上。不错，挺有认错的派头，脸色严肃，双眸坚定。她随着他们出了教室。

"有什么想对我说的？"

寒站站摇摇头，小泥鳅摇摇头。

"不不不，有，要说的。"寒站站连忙出声。"我们自己把事情解决了，不用老师出面。我们自己也不知道为什么打架，就好像是他碰了我一下，我碰回去一下，我们两个人就扭在一起，躺在地上不动了。"

"确切地说，我们这不算打架，顶多是一次较量。"小泥鳅呵呵笑起来。

"真不需要我解决了？"

"不用。"两人异口同声地答道。

蚯蚓老师示意他们回去。寒站站手搭在了小泥鳅的肩上，两人一晃一晃地进了教室。

看着这场景，蚯蚓老师内心的欢喜，就像爆米花跳动。她抬头看看太阳的方向，眯了眯眼，进了教室。

这样精彩的文字，蚯蚓老师的两本书里，随处可见。

4. 真实问题研究

我们要对真实问题进行研究。教书育人，每天都有很多问题值得我们认真研究。把问题一个一个解决了，我们就成了这个领域的专家。我们要关注班级里的特殊儿童，把这类孩子的成长故事写出来，是很有意思的。武汉的余婧老师曾写过一篇非常感人的文章，讲的是一个星星的孩子。

星星的孩子小鱼慢慢在进步，会排队、会走路、会打扫、会整理、会求助、会问好、会交流。最后，余婧老师写道："是的，'星星的孩子'，他孤独地在遥远而漆黑的夜空中独自闪烁着，与地上的纷繁热闹格格不入。我们所能做的是从真正了解他们开始。生命本身就是一个奇迹，我们不知道它是怎么运转的，但人间的奇迹是靠爱支撑的、创造的，不是吗？"

这些孩子本身孤独，他们其实在防备着更多的人，怕别人会侵犯他们；但是当他们放松了戒备，完全融入团体的时候，他们也会感受到爱的，他们也会被感动的。就像《地球上的星星》和《自闭历程》这两部电影所展示的一样。在我们付出足够的耐心去发现这些孩子身上的优点，放大他们的优点，耐心地等待他们之后，他们最后会慢慢地变化。有一本书叫《这世界唯一的你：自闭症人士独特行为背后的真相》。如果你班级有类似的孩子的话，我建议你读一读这本书。

在专业领域，对真实问题进行挖掘的书还有许多。郑金洲的《教师如何做研究》写得不错。北京的王晓春老师，写过一本《问题学生诊疗手册》，是关于不同类型的问题学生怎么诊疗，怎么矫治。我们都可以去读读，再看看班级里，有无类似的学生故事。写出来，很有价值的。

教育叙事"四宜四不宜"

切口宜小不宜大。不要总是找那些大而空的题材去写，可以写一些小事情，从小处着手，你才能够写得好。

题目宜实不宜虚。不要让大家摸不着头脑，不知道你到底在讲什么。如《向着明亮那方》，虽然很好听，但是很空泛，大家不知道你这篇文章到底在讲什么。

观察宜深不宜浅。就是你要长期地跟踪观察，不要一两次观察之后就急着下结论。

名字宜虚不宜实。面对着孩子的写作，一定要注意保护他们的隐私，这也是保护我们自己。特别是问题孩子，哪怕是用他的姓也不行，你可以换一个好听的网名。

珍珠有了，线在哪里

最后，我们回顾一下：如何系统开发写作素材呢？

第一，要寻找属于自己的闪闪发光的句子。从我入手，寻找属于我的"句子"。

我是谁？哪些人影响着我？哪些经历塑造了我？哪些书滋养了我？人是什么？人就是你吃进去的东西，你所结交的朋友，你所走过的路，你所读过的书的总和。你眼睛里所看到的一切，都变成了你。尤其是书籍，对于自身的影响是非常非常重要的。

写不出东西的时候，你就要想着我的输入是不是足够？我的经历是不是丰富？著名的语言学家、教育教学专家张志公说过一句话："一个语文老师，不读书、不看戏、不旅游、不交友，才是最大的不务正业。"囊中羞涩，实在出不去，多看一些纪录片、多看一些优质的电影，这样我们的精神就丰盈了；你写出来的东西，才能有干货。写作最终要回到自己。

第二，从我的专业入手，建造属于我的王国。

我们要寻找自己的优势领域，深耕下去，不要跟着人家跑。要"板凳甘坐十年冷"。就像昆剧《班昭》里有一句唱词说的："从来学问欺富贵，真文章在孤灯下。"什么意思呢？如果一个人静不下心来，只顾着享受，他就写不出好文章来。我把这句话改成："从来学问欺浮华，好文章在孤灯下。"人浮华了，文章就写不出来。一定要垂直生根，去寻找"我"的优势。

研究名师，包括身边的"草根"明师。我们身边有很多高人，认真地去研究总结，你会发现他们身上有很多闪闪发光的地方，再把他们的经验挖掘出来。

学生素描。把眼睛盯着学生，你的教育观就会发生变化。你跟学生之间的关系会越来越润泽，你跟家长的关系也会发生微妙的变化。很多问题都可以从自身找到答案。你发现你跟家长的关系不好的时候，不要一味地埋怨家长，而要反躬自问，反求诸己。当我们把自己做到极致的时候，我们的班级用得着我们像"打妖怪"一样去"打"吗？不需要。所以很多问题都出自我们这儿。我们把文章做足了，家长也确实存在问题，我们只能努力去试着改善，不要一味地埋怨。

研究真实的问题。前文，我引用了余婧老师的一篇文章。像她那样，真实地去研究它，把它当作一个生命当中必须要攀登的珠穆朗玛峰，它是生命当中最需要啃的一块骨头。造成这个孩子的问题到底有哪几方面的原因？自己的力量不够的时候，我们可以借助专业的力量、借助书、借助电影、借助团队，一起来攻关研究。当你把这个孩子的问题搞定了，你的生命就又向前迈进了一步，你的教育智慧就大大地长进了。

教书这件事情，既是琐碎的，烦恼的；同时又是诗意的，浪漫的，有成就感的。面对我们教育生涯当中真实的问题，去破解它，需要教学勇气，更需要教育的勇气。把解决问题的过程记录下来，分享给别人，这又是写作的价值——这也是散落在我们教育生涯中的一颗颗珍珠。

　　最后一个非常重要的问题来了。串珠成链，我有一颗一颗的珠，一篇一篇文章熠熠闪光，那这根"线"在哪里？怎么样把它串起来呢？这个很关键。

　　光有珠，只是一盘散沙。那怎么办呢？亨利克·易卜生说："我曾写下的每一件事，与我的精神经历之间，都可能有着最为密切的关系。"回到自己的内心，你会发现这根"线"就是你的教育信仰、你的思想、你的价值观、你的责任感……当你系统地去做一些事情，深度地去研究的时候，这根"线"自然就出来了。你把它一串，就拎起来，你会发现一本一本地去写，或者说一篇一篇地去写，慢慢地，你的生命就跃上了一个崭新的台阶。

【结束语】

　　当你把你自己、你身边的人事物、自己的专业都搞清楚了、深耕了，你会发现写作对你来说已经不是一件难事了。

　　从自己的教育生活出发，拾起散落的珍珠，十年都写不完。我就是这么过来的，所以我写文章永远不会觉得没内容可写。你先要去做！你要把自己的智慧奉献出来、总结出来、分享出来，那么你就成功了。

第五讲

教育写作如何选取切入点

生活中的写作素材比比皆是，它们像珍珠，让我们的教育生活也光亮了起来。如何捡拾这些散落的珍珠，让它们在文章中熠熠生辉呢？

上一讲说到，一篇好的文章，不是一个装珍珠的口袋，我们得寻找串珍珠的那条"线"。

线是什么？到底在哪里？

线，就是你的思想，你的价值观，你的责任感。

"大""旧""空""套"
—— 教育写作选题常见病

切入点，即突破口，也就是解决教育写作问题最先着手的地方。

教育写作的切入点，简单地说，就是选题角度。如果切入点没选好，往往事倍功半、收效甚微，很难写出一篇像样的文章。

教育写作选题一般存在哪些问题呢？

1. 大——老虎吞天。比如《论口语交际课堂》《如何提升学生的整本书阅读能力》《学习任务群理念下的教学设计》《新时期，班主任工作如何开展》等，这些观点几乎要一本书才能说得清楚，如果你把它当作一篇文章来写，很难写得深刻，也很难吸引读者。以这样的角度切入，我称之为"老虎吞天"。

2. 旧——陈年皇历。比如《如何提升一年级孩子的朗读水平》这类文章，到网上一搜索，能搜出几百上千篇优质的文章；再写这样的文章，意义不大，读者读起来也索然无味。这类文章，老调重弹，我称之为"陈年皇历"。

3. 空——空中楼阁。内容空泛，让人摸不着边际，无法让读者打开思路、获得启发，也没有实操性和借鉴性。这样的文章我称之为"空中楼阁"。

4. 套——千篇一律。大段引用大家耳熟能详的教育理论、教育事实，文章读起来空话、套话连篇，没有自己的观点和思考，甚至不知所云，有一种AI写作的味道。仿佛什么都说了，什么又都没说。

教育写作，需要我们将自己对于教育的观察、理解和思考融会贯通，形成独属于自己的文字，带着思考，找到切入点。

教育写作的切入点，如何从大走向小、从旧走向新、从空走向实、从千篇一律走向独出机杼？话题切入后，如何深入展开呢？我提出四个策略。

小——管中窥豹

写文章一定要找到相对较小的切口。切口小，便于我们搜索大量的资料，更好地把握题材。

期末考试临近时，假如想写一篇关于期末考试的文章，我们该如何运用"微小而具体"这个原则呢？有老师拟定了两个题目：一个是"语文期末复习的策略"，另一个是"语文期末复习试卷评讲策略"。哪个题目更好切入呢？显然是后者。后者切口小，话题聚焦，仅针对期末复习的试卷讲评这一项，更利于集中注意力、把问题讲清讲透；而前者话题过于宽泛，期末复习所包含的内容复杂多样，如词语复习、阅读复习、作文复习、病句复习等，内容太多。一篇文章面面俱到，定然难以深入探讨。

来自广东的王弯弯老师，写了一篇《语文期末复习试卷讲评策略》，文章里提出如下八个策略：批改讲评需要及时，讲评准备应该周全，讲评重点要分明，充分发挥学生的主体性，最好授人以渔，指导学生学会听讲评课，课后及时反思、加强巩固。王老师的这篇文章，八个策略之间的顺序还要再进行梳理，按照逻辑顺序或时间顺序调整，思路才会更加清晰。我们可以思考，这篇文章该怎么修改和优化；也可以思考，如果写"阅读复习策略"或"听写策略"，该从哪些方面切入。

读别人的文章，就是照镜子。看见别人的优点，照出自己的不足；看到别人的缺点，找到自己的信心。所以，读优质的文章、需要修改的文章，都能提升自己的写作水平。

关于"期末复习"，我们还可以研究什么呢？

比如不同学习层次的学生的复习指导策略。具体来说，可以分别阐述对优等生、中等生、考试时作文有困难的学生，应该如何予以指导。再比如如何避免学生考试漏题，试卷订正有什么策略，如何根据期末考试出现的问题，针对性地布置作业。

以上都是关于"语文期末复习"微小而具体的问题。

关于听写，我们可以研究什么呢？

比如：有哪些花式的听写方法？在什么时候、用什么方式批改听写效率最高？当堂批、课后批、集中批、老师批还是互批？怎样订正？这些都是关于"听写"的微小而具体的问题，都很重要。

针对小而具体的问题进行研究，对一线老师来说，更有实操性，也更有价值。

比如针对"学期末，学生怎样把听写中的错别字全部消灭"这个话题，有位老师是这样做的：首先，让学生用 A4 纸把一学期听写中出现过的错别字写出来，用红笔标注最容易出错的地方，并放大。接着，把这些 A4 纸贴在墙上，每天看。一星期之后，这张 A4 纸上的字会写了，就可以把它从墙上取下来。如是反复，直到墙上的A4纸全部取下。把听写中出现的错误用"放大"的策略，每天进行自我强化训练，对于听写订正，效果很好。

丁素芬老师也分享过她的听写教学经验。她的花式听写是这样的：

首先，听写前，限时抢先看——同学们，今天我们要听写，5分钟限时记。你们先看看，哪些词语是你有可能写错的，你先记一记、练一练。丁老师这样做，实际上是增加了学生提前准备的阶段，此时，学生的注意力会高度集中，识记的效率更高了。

其次，先难后易，反其道而行。同学们，你们觉得先听写难字还是简单的字？老师再让学生找找，你认为哪些字是难字？学生在交流"哪些字是难字"的过程中，识记和练习在同时发生。用这样的方式强化记忆、重点关注，学生的听写效果更好了。

还可以变换节奏，渗透小游戏。比如听写一个词语的反义词；听写与某个词语相关的句子；表演一个场景，让学生猜对应的成语，并写下来……

"点名听写，精准纠错"的方法也很不错。有一位老师专门准备一个本子，每节课，哪几个小朋友写错了哪些字词，一一具体而详尽地记录下来。下次听写时，就可以有针对性地进行点名听写了。

"多样组合，从词到句"的做法也很有创意。从要听写的词语中，选取三个词语，并组合成一个句子。把听写玩出花样来，学生听写的积极性也被充分地激发了。

教育领域的任何一个细节，都可以做得尽善尽美。找准微小而具体的切入口，做微雕的艺术。把事情做极致，从最"精细"处着手，让文章"小而美"，而非"大而空"。

新——与时俱进

无论是为了投稿写作，还是在微信公众号自留地表达，都要注重时效性。

关注新课标,关注"双减"政策,关注最近身边发生的事情,关注时事的热点、痛点、痒点……陈旧的话题,很难勾起读者的兴趣。

考虑时效性要注意几点:

第一,顺应学校教育教学的时序。比如开学的时候,如何带学生预习整册课文?一学期快结束了,如何布置学生喜欢的暑期或寒假作业,怎样写花式评语?快到复习的时候,如何复习更有效率?寒暑假,还可以聊一聊家访的话题。关注学校教育教学的时效性,会让文章的可读性大大增强。

第二,顺应节日节气的节点。如清明节,我们可以写对亲人的回忆,可以聚焦关于死亡教育、生命教育的书籍、电影等。端午节,我们可以带着孩子们做关于端午习俗、屈原生平的研究,去了解屈原生平、诵读屈原诗词等。中秋节,我们可以写一写、吟一吟关于月亮的诗词,或者读一读关于月亮的绘本等。如母亲节,我们可以写关于母亲的文章,整理一组关于母亲的文字。一定要踩准节日节气的节点;踩不准的话,材料准备得再充分,也少有人关注。

第三,踩住新闻热点,读者的痛点、痒点。

"六一"将至,好多老师都处于高度紧张的状态,我写了一篇《学生天天在过节,哪有时间去读书?!》,标题直白,说出了很多老师的心里话。那段时间,有100多家公众号转载。

在2021年"暑期托管"将至的时候,我写了一篇《假如没有寒暑假,谁还愿意当老师?》的文章,又获得10多万的点击量。寒暑假是我们老师休息调整的时间,怎么可以用来搞全程的暑期托管?

我还写过一篇有意思的文章——《祖庆夜访语文要素》。新教材使用以后,一段时间,"语文要素"泛滥成灾。语文要素,就像一帖膏药,仿佛有了它,语文课就能上好了。很多人把语文要素当成了一根救命稻草。于是,上上下下都讲语文要素,课堂朗读没有了、品词析句没有了、复述没有了……如《蝙蝠与雷达》这篇说明文,表达严谨精准,有老师居然整堂课都在提问。我听得很着急,心想:语文怎么可以这样上?于是,我模仿钱锺书先生的文章《魔鬼夜访钱锺书》,写了这篇《祖庆夜访语文要素》,当时转载率也非常高。

开学季来临,我发现很多老师都好内卷,使尽浑身解数,花式布置教室。这时,我又写了一篇《老师何苦为难老师》,又获得很多老师的关注。

如果能考虑到时效性,文章就很容易和读者产生共情。那些呼之欲出的情感和情绪被你一语道破,你的文章,就成了大家宣泄情绪、交流情感的通道。

如何捕捉教育热点呢?刷刷微博,关注新闻热搜;看看群聊,听听大家呼声;刷刷微信,抓抓当下热点;看看电影,联系生存环境。

如果要投稿,更应该注重时效性。温馨提醒大家:期刊最好提前四个月投稿,报纸提前三周投稿,方便编辑审阅。

实——拿来我用

写作最忌大而空。一篇教育文章,可以给读者提供可借鉴的经验,也可以给读者思考、启迪。要让大家读完文章,即可拿来用,或引发实质性的思考。

比方说你召开了一次成功的家长会,你得让别人能清楚地了解这个家长会究竟是怎么开的,你得把其中可资借鉴的经验写出来。

比如你有很丰富独到的上公开课的经验,那么你得把跟公开课有关的往事和感悟写下来,和读者分享。

我曾经写过《"磨课"四部曲——听课、追课、晒课、裸课》,发表在《福建教育》,当时也有很多公众号转载这篇文章。听课、追课、晒课、裸课,这正是我一路走来、不断成长的过程。

文章的第一部分为《听课:博采众长》。

我是从大量的名师课堂中获得力量的。左友仁、支玉恒、于永正、贾志敏、徐鹄、张平南、张化万等老师的课，让我大呼过瘾。我总是坐在舞台一侧，以最佳观课距离和视角，观摩名师上课的一举一动、一招一式。听课回来，我总是要上汇报课。于是，课堂成了我的"超级模仿秀"。学贾志敏老师点评的滴水不漏，学于永正老师表演的入情入境，学支玉恒老师设计的大气磅礴。有学得像的，也有学不像的。慢慢地，同事们评价我的课：有灵气、有风格。

文章的第二部分为《追课：寻找自我》。

课堂教学要有所提升，就一定要追寻那些跟自己风格相吻合的名师课堂。这样的感悟源于我曾经遇到的一件"刺痛"我的事情。

我曾在拱宸桥小学待过两年，即王崧舟老师任教的学校。在那里，我上过一堂课叫《我盼春天的荠菜》。一个来此挂职的老师听完课对我说："祖庆老师，你的课上得好像王老师的课啊。"我心里咯噔一下：意思好像是说，你只能学王老师，没有走出一条自己的路，没有属于自己的风格。

于是，我特意规定自己，上课尽量不选太诗意的文章。后来，王老师听完课对我说："祖庆啊，你是学我学得最不像的。"是啊，我模仿王老师的时间并不长，因为我已经明白，学名师，不能单纯模仿。王崧舟老师的确值得学习，我学他开阔的视野，我学他渊博的学识，学他文本解读的技巧，学他对语文课堂的极致追求。没有一个人能完全复刻另一个人的风格，只有用心学，才能学得最不像，才能学出属于自己的风格。

同时，我也开始研究不同风格的名师课堂。学支玉恒，学于永正，学贾志敏，把他们所有的录像课找来研究。

研究名师课堂，我有以下两种方式：

一是微格研究。从导课艺术、问题设计、理答技巧、朗读指导、课堂激励、读写结合、结课艺术等维度，归类研究，提取策略。

二是还原研究。把他们的课拆开来研究，试着将课堂实录还原成教学设计，再在"教学设计"的旁边，写出"设计意图"。就这样，"实录—设计—理念"，一步一步逼近名师教学设计的内核。现在想来，研究名师实录的过程，实际上相当于练习书法的"读帖"。"读帖"久了，写字就有了心得。教书亦然。

如今回想起来，《我盼春天的荠菜》那篇设计中比较动情的部分，放在现在也不会过时。但我不愿意囿于模仿，因此，终于走出了一条属于自己的路。

文章的第三部分为《晒课：敞开自我》。

把自己的课主动晒在网上，让大家评点。那段被"群起而攻之"的岁月真的不堪回首。但也因此，我的心逐渐强大。

一个理性的教师，应该客观看待"毁誉"。赞誉，容易让人沾沾自喜；诋毁，则藏着"精进"的契机。我就是在晒课的过程中，逐渐成长起来的。

文章的第四部分为《裸课：超越自我》。

不试教，直接上，即为"裸课"。敢于去上"没试教"的课，得益于不断地听课、磨课、晒课。

每次首上某节课，我总是莫名地兴奋（当然也带着一丝丝紧张和期待），仿佛前往某地探险。上完课，常常会有意外的惊喜。当然，也常常会有料想不到的事情发生。因为，课没有经过事先的演练和试讲，不知道哪个环节会出什么状况。可是，如果我们把所有的公开课当作"研讨课"，而不是"示范课"，那么，我们就不必太多计较某一个环节"不够完美"。就像季羡林先生所说的，"不完美就是人生"。真实的家常课，也是"不完美"的。"不完美"，会让上课者和听课者共同思考——如何抵达"完美"；"不完美"，才会让你在备课之前，用更多的时间去琢磨；"不完美"，才会激励你花更多的时间，"用一辈子去备课"。

近十年来所有的公开课，我都是不试教的，哪怕听众有七八千人。大部分的裸课，我第一次上，都上得比较成功；偶尔有失败的环节，又有什么关系呢？

听课、磨课、晒课、裸课，我在上课过程中经历的这四个阶段，也是我教师生涯不断成长的路径，对很多一线老师来说，很实用，可借鉴。这样一路走来的经历，是可复制的，是可以给其他教师带来启发和思考的。因此，这篇文章的高点击量，是实至名归的。

关于"可借鉴的经验"，《班主任之友》杂志上的一篇文章很值得借鉴。这篇文章的作者李欣老师是那一期的封面人物，她的文章关注的是亲子沟通话题——《当孩子听不进父母的话，可以试着这样沟通》。文章的开头从一则故事引入：

> 刚进教室，孩子们便涌了过来。
> "老师，小凡又挨打了！"
> "老师，小凡说她不想回家了！"
> "老师，你帮帮小凡吧！"
> 孩子们叽叽喳喳，群情激奋。
> 小凡哭得上气不接下气，手臂上的鞭痕高高鼓起。我叹了口气，花了好大精力才安抚好学生，把小凡带到办公室。

像这样由具体的场景开始写，从声音、动作等方面，让人物自己说话，单刀直入，一下子就吸引了读者。就好像拍电影，从具体场景切入，不拖泥带水，让读者身临其境。

接着，她用故事举例，提供了一些可借鉴的经验。

一是坚持原则，奖惩分明。先用具体事例来说明，奖励要物质和精神并重。再谈惩戒过程中，责任感是最终的目标，让学生产生一种自我约束感。

二是旁敲侧击，减少说教。这个方面，李欣老师继续列举事例阐明自己的观点。整个过程，她都是用故事来写的。

一线教师写教育叙事，要多一些故事，多一些描述，少一些叙述，少一些概括；一定要让人物自己说话，把人物、事情本来的面貌呈现出来。

我写《我的陈老师》，开篇是这样写的：

上课了，同学们端端正正地坐在教室里，目不转睛地盯着教室门口。这时，走进来一位瘦瘦黑黑的老师，侧着脑袋，其貌不扬。只见他抓起一根粉笔，在黑板上龙飞凤舞地画起来。我们不知道他要画些什么。接着，他指着黑板说："这是我的名字——陈根德，耳东陈，树根的根，道德的德。今天，我们要学的是《白杨礼赞》，请大家把语文课本打开。"说完，陈老师就捧起书本，一字不漏地读了起来。

这就是讲故事。如果不是用讲故事的方式，而是用概括式的语句，人物就不会具体生动地立起来。故事发生那天的天气和光线怎样，你听到了什么声音，看到了哪些动作，要具体描写出来。这就是写出了画面感，写出了好故事。

陈琼老师曾写过《班主任如何让这"三类"家长回到正道呢？》。陈老师在文章开头开门见山，提出了"冷淡型、易燃型、强势型"三类家长。

冷淡型家长：对班级的整体发展不关心，具体表现在不爱看群消息和老师发布的各种通知，不积极参加班级活动。

易燃型家长：遇事容易冲动，容易和他人发生矛盾。

强势型家长：常常自以为是，对班级事务指手画脚，忽略老师的存在。

接着，她再写针对三类家长教师分别应该怎么做。

一是，你要有自信，相信自己可以和家长达到彼此都希望的状态。

二是，日常还是要多在专业上下功夫，做到让家长的确无刺可挑；即使要挑，也是他和你来商讨、共同交流的平等状态。

三是，发现这种"强势"型家长时，你可以单独和他约谈。大家多聊一下彼此对教育的看法，让彼此了解得更多一些，然后在彼此身上去汲取正能量，互相取长补短。有些"强势"家长的确非常能干，他们身上有一些东西真值得我们学习，那么就把他们的优秀品格、好点子、好方法，结合班级、学生及自己的实际转化成有效资源，为班级发展、学生成长、自己提升助力。

接着陈老师用三句话对全文进行了总结：

面对冷淡型家长，让我轻轻地靠近你。

面对易燃型家长，让我静静地倾听你。

面对强势型家长，让我慢慢地融化你。

这样的句子，很规整，也很有温度。文章有金句，让人读罢有怦然心动之感，想马上抄写下来反复翻阅。有金句意识，会让你的表达更加别致。

陈老师在文章最后是这样总结的：

做专业的班主任，功在平时，面对问题不怕问题，把每一次困难当作修炼。这些"困难"不是"冲"我而来,而是"为"我来,而是来"修"我的。如果是这样的心态,面对任何类型的家长,面对教育中的任何问题,你都会轻松地迎刃而解。

这篇文章无论是结构还是内容,都很有借鉴性。文章先提出家长有哪些类型,再提出我们以怎样的方式去面对不同类型的家长,用一组排比的文字来抒情总结,最后再出几句画龙点睛的金句。文章逻辑清晰,干货满满,可读性强。

《每个孩子都是班长》,这篇文章来自杭州一位有着三十多年教龄的老师。在这位老师的班级里,从一年级到六年级,一直都没有班长。但班级一直管理得井井有条,人人有事做,事事有人做。班级有窗台洁净员、课间协管员、作业分发员、图书管理员、室内操管家、统分小助手等,垫长、擦长、饭长、桶长、花匠等,各种职务花样繁多,甚至可以让学生自己给自己管理的岗位命名。

1	窗台洁净员	12	眼操督察员	23	体温关怀家	34	图书修补员
2	课间协管员(周二)	13	黑板美容师	24	阅读小天使	35	统分小助手
3	作业分发员	14	科学课代表	25	课前小当家	36	卫生督察员
4	图书整理员	15	柜架检查员	26	饭长	37	统分小助手
5	室内操管家	16	医务小天使	27	医务小天使	38	课间协管员(周五)
6	垫长	17	柜架管理员	28	艺术课代表	39	课间协管员(周三)
7	课间协管员(周四)	18	课间协管员(周一)	29	通知提醒员	40	资源管理家
8	桶长	19	领队口令员	30	美术课代表	41	阅读小天使
9	领队替补员	20	擦长	31	花匠	42	晨沐管理员
10	校园通讯员	21	柜架洁净师	32	阅读小天使	43	卫生督查员
11	教室小卫士	22	体温关怀家	33	作业分发员	44	教室小卫士

再看"劳动最光荣的值日安排表",每天哪个孩子值日都写得清清楚楚。

项目＼时间	扫地	扫地	扫地	拖地	拖地	倒垃圾	摆桌椅	整理物件	清洁走廊
星期一									
星期二									
星期三									
星期四									
星期五									

班级"小荷中队"组织架构图分四个部：学习部、卫生部、组织部、纪律部，每个部门责任清晰，整个班级分工协作，一样工作也没有落下。这样的管理方式，操作清晰，班级管理非常民主。

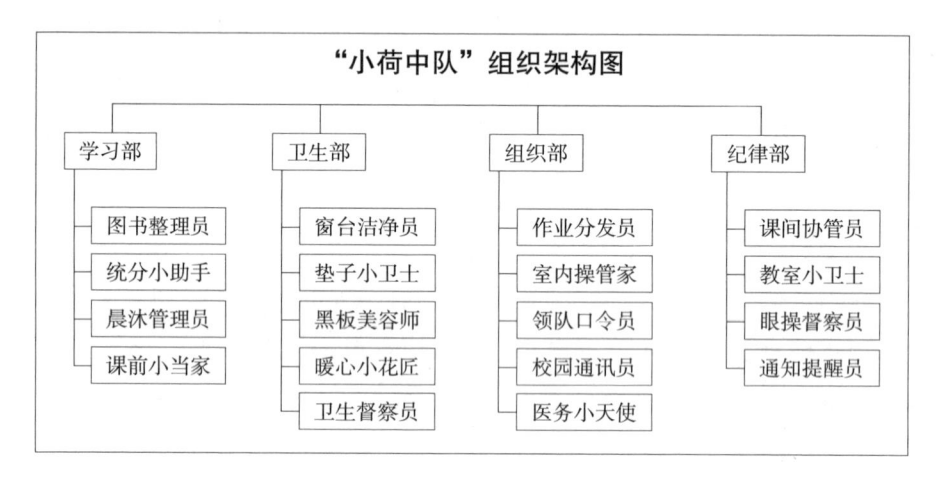

"小荷中队"组织架构图

- 学习部
  - 图书整理员
  - 统分小助手
  - 晨沐管理员
  - 课前小当家
- 卫生部
  - 窗台洁净员
  - 垫子小卫士
  - 黑板美容师
  - 暖心小花匠
  - 卫生督察员
- 组织部
  - 作业分发员
  - 室内操管家
  - 领队口令员
  - 校园通讯员
  - 医务小天使
- 纪律部
  - 课间协管员
  - 教室小卫士
  - 眼操督察员
  - 通知提醒员

文章结尾引用了圣埃克苏佩里《小王子》里的一句话："星星闪亮，是为了让每一个人有一天都能找到属于自己的星星。"提醒老师在课堂上，或者在班级管理的过程中，要让每一个孩子都成为属于自己的闪闪发光的星星。

这篇文章对于一线教师的班级管理工作来说，非常有借鉴价值。

《江苏教育研究》杂志社颜莹主编说："教育写作能让教师保持对教育生活的敏感性、洞察力，帮助教师跨越从经验到理论的台阶，将个人的缄默的知识转化为可与他人交流的显性的公共知识，使个体经验转化为可以被认识、被理解、被实践、被推广的专业成果,实现教师个体研究成果向教学生产力的转化。"

把我们的经验总结出来,分享给更多的人,我们的经验就成了一种教学生产力。教育写作的价值正在于此。

活——耳目一新

文章要给读者以适当的新鲜感、陌生感。

为什么好多孩子对母亲的唠叨特别反感?因为母亲的唠叨没有陌生感,没有新鲜感。母亲的唠叨大抵是没有用的。

同理,班主任工作也是如此。一位真正成功的班主任,话一定是不多的。有本事的班主任一个手势、一个口令、一个游戏,就搞定了班级学生的日常管理。甚至可以偏激地说——话越多,越无用。

给人"陌生感""新鲜感"的文章,会更吸睛。

刘雪丹老师的文章《"肖子浩学习法"——特级教师张祖庆课堂评价用语赏析》,就暗合了这一原理。我在江西泰和上"灵犬莱西"这堂课的时候,发现一位同学用思维导图的方式理清思路。我就对大家说:"咱们班里有一位同学比老师整理得还要好,他让我发现了一种伟大的学习方法,我把这种方法命名为'肖子浩学习法'。"后来,班上又有一位同学,他用了比肖子浩更好的学习方法。于是,我又说:"现在又有一个伟大的学习方法诞生了,叫某某某学习法。"

刘老师当时在现场听课,写下此文。这篇文章就用"命名法"切入,小而聚焦,小而具体。后来发表在杂志上。

教育写作中,我们不一定要写一堂课的评课稿,我们还可以评这堂课的问题设计、评老师的课堂用语、评导入的艺术、评课堂结束环节的艺术等。

刘雪丹老师这篇文章,原来的开头是这样的:

2022年6月17日，张祖庆老师再次来到泰和讲学，如果说这次他带来的是一座宫殿，而我则是宫殿内的参观者，流连忘返；如果说祖庆老师的这堂课是一首曲子，极有"大珠小珠落玉盘"之势，直敲我心。

我在宫殿的一角凝视着，我聆听心的声音。任凭弱水三千，我只取一瓢饮。这一瓢便是——肖子浩学习法。

这样抒情性的语言，会让读者觉得空洞、不可信。
于是，我将开头改成了这样一句话：

今天，现场听了张祖庆老师的一堂整本书导读课。

这样写，就少了主观的形容，多了客观的叙述。
修改稿中，刘老师在文中对"肖子浩学习法"的作用是这样阐述的：

为何祖庆老师在课堂上频频提及"肖子浩学习法"呢？
从学生层面看，创新的评价语言让学生体会学习的快乐；
从课堂视角看，积极的评价语言可以促进学生深入思考；
从教学路径看，独特的评价语言服务于教学的核心目标。

她从学生层面、课堂视角、教学路径三个层面来剖析课堂评价语的作用，切口小，着力在一个点上打井，才能打出水来。这一类的文章，选小切口并深挖，杂志社自然愿意发表。

在七八年前，我提出了"裸课"这个概念，当时引发了很多争议。我听到了不同的质疑声：公开课怎么可以不打磨？怎么可以把粗糙的课拿出来直接上？

我在文章《老师，你敢上"裸课"吗？》中，从一线老师准备公开课的真实状态开始写：

一次次备课，一遍遍试教，一回回推倒，一番番重来，折腾不止，筋疲力尽。

最夸张的，当数那些参加"国赛"的选手们，一旦有幸被选中，就会走上磨课的"不归路"。日里磨课，夜里梦课，死去活来，活来死去。

于是乎，听课者最终看到一节万花筒般精致的课——动画美轮美奂、音乐荡气回肠、语言气势如虹。

置身其中，恍若观赏一场艺术表演，让人目不暇接。

接着，我提出自己的观点，全国教学观摩课最大的问题：把天花板当地板！

最高水准的艺术课，是天花板，如果把它拿来当作样板研究，指导常态课，老师们精力和水平都跟不上。天花板看上去很美，却不落地、不实用。

但也不是说，这样的课就一无是处。如果能尽量减少磨课时间，在三天内设计课程并能上得出彩、上得舒服，那才具有借鉴意义，才是能落地、能实施的好课。

裸课不是不备课，备的是文本解读的功夫、朗读的功夫、板书的功夫、日常跟学生对话的艺术。裸课更接近于常态课，这样才会对日常教学更有借鉴意义。裸课，或许不完美，但不完美是一种动力，正因为课堂有不完美，才让我们把上好常态课作为日常目标，用日复一日、脚踏实地的行动去践行对教育的求索。

反复打磨的课，把好学的、顺畅的、出彩的环节呈现了出来，遮蔽了真实的学习矛盾，掩盖了真实的学习挫折，规避了学生难学的学习内容。因此，入职之初的老师，可以适度磨课，但最重要的还是常态课。

从磨课，走向磨人、磨思想、磨分析文本的能力、磨设计教学的能力、磨跟学生的对话的本领，最终真正做到人课合一。

所以，面对司空见惯的教学问题，我们要刨根问底，教研活动真的非这样不可吗？我们要尝试反向思维，还可以怎么做？这样做也许可以达成更好的效果。

刨根问底、反向思维，你的观点才能让读者耳目一新。

我以前写过一篇评课稿——《评课：当从"一言堂"走向"群言堂"》。文章中，我首先对当下的评课现状予以分析。

现实评课中，有三种类型：

一是温柔敦厚型——隔靴搔痒。大致说教态非常好，目标非常明确，上课老师亲和力非常强，评来评去没说到重点。这样的评课价值不大。

二是直捣黄龙型——不留情面。或许评课人的水平是有的，但是语言直接、一通否定，这堂课这里不行、那里也不行，听得上课老师灰头土脸、满心苦涩。

三是厚颜无耻型——不懂装懂。评课人整本书阅读课从来没有上过，或许他甚至连一本儿童书都没有读过，却讲得头头是道。

接着我在文章中分析原因与危害。独语式评课，其实是上课老师的缺席。这是一种单向的评课，课好不好，全靠评课人的喜好，导致公开课执教者的恐惧。

文章的最后，我亮出观点：

评课，就是用我的智慧发现你的智慧；用你的智慧，启迪我们的智慧。

评课，是一种智慧众筹。

日本著名教育家佐藤学先生，扛着摄像机，听了上万节课。他首先找这个老师身上的优点，在每位老师身上找到一个优点，他就学到了一万多个优点。

如果评课人，能以"对话者"而不是"审判者"的姿态出现，那么，便会心平气和地与执教者展开讨论，而不是居高临下地评判。

只有把评课话语权从评课人独享，变为评课人与上课老师共享，才能出现真正的智慧碰撞。否则，评课，就可能沦为"权力者的游戏"。

佐藤学教授听课评课，很重要的一点，是以"学习共同体"，而不是"裁判员"的姿态出现的。因为是共同体，就会以讨论者的身份参与——通过与执教者对话，还原磨课过程，还原探索历程；更为重要的是，通过深入讨论，试着重构课堂，与一线教师一起寻找更好的教学方案。这样的评课，从批判，走向了建设。

适当的陌生感，写法有新鲜度，让读者有共鸣、有分享的愿望，这篇文章就不在套中了。

【结束语】

教育写作的切入点，要如何从大走向小、从旧走向新、从空走向实、从千篇一律的套话走向有清新脱俗的新意？

四字诀，很重要。

一是小，要"管中窥豹"，一粒沙里见世界，一朵花里见天堂。

二是新，要"与时俱进"，沉舟侧畔千帆过，病树前头万木春。

三是实,要"拿来我用",信手拈来俱天成,文章不写半句空。

四是活,要"耳目一新",等闲识得东风面,万紫千红总是春。

第六讲

不妨做个"标题党"——题目比文章更重要

也许你会说，祖庆老师，这一讲的标题，是不是标题党？还真不是简单的标题党。对于微信公众号或者基于网络的自媒体文章，题目有时候真的比文章更重要。

从《藏地密码》逆袭说开去

先从一个故事讲起吧。

曾经有一家出版社出了一本新书，叫《最后的神庙》。2008 年，这本书在贴吧预售，销售团队发现这本书反应平平，几乎无人问津。问题出在哪儿呢？销售人员认真研究，发现有两个原因：第一，书名没有取好，《最后的神庙》，讲的是什么呢？让人摸不着头脑；第二，封面设计也很一般，没有太多地域文化色彩。于是紧急研究对策。有人说，这个故事讲的不是西藏吗？人们一提起西藏，就会对它的神秘、辽阔产生向往，我们要把它体现出来，干脆把书名改成《藏地密码》吧。又有人提议，在封面上体现藏地的经幡以及其他特有元素。于是，紧急改名，修改封面。

这样，《藏地密码》，华丽亮相。

没想到《藏地密码》一炮打响，这个系列也一本一本出版，一共出了10本。这套书的销量早就超过了1000万套，现在这套书改编成了电视剧，家喻户晓。你看，好的书名，塑造了一套神级畅销书。

好的书名，非常重要。

同样的道理，有一些电影，明明拍得很好，但是电影名没有取好，要不是大家口耳相传，这些电影也许很难火起来。

比如《三傻大闹宝莱坞》，没看之前，我觉得这个电影肯定很不入流。没想到却是一部非常好的电影，令人震撼。

《肖申克的救赎》，原来的电影名是《刺激1995》，这个标题相对来说就很一般。

《机器人总动员》的名字也很一般，但它是一部动画视觉艺术非常棒的严肃的科幻电影。

《杀死比尔》，你光看这个标题，就会觉得血肉横飞，但它的结构、片段拼图、叙事感染力近乎完美。

昆汀的《低俗小说》在电影史上非常著名，但你如果不看介绍，肯定会觉得它不好看。

但是也有一些电影，片名和内容的吻合度非常高，那些经典的片名能让人记一辈子。比如《天堂电影院》《西西里的美丽传说》《海上钢琴师》《乱世佳人》《日落大道》《双生花》《西北偏北》，这些电影片名都很精妙。

好书，也要配上一个好书名。前阵子有一本心灵鸡汤类的书，书名叫《做一个灵魂有香气的女人》，哪一个女人不喜欢看呢？还有一本书，它的书名是《你当像鸟飞往你的山》，多么有气魄，多么具有想象力。《我是一支爱写作的铅笔》，好极了；《百年孤独》，具有沧桑感；《一桩事先张扬的凶杀案》，加西亚·马尔克斯的作品，这个书名有悬念有张力；《霍乱时期的爱情》是一部写爱情写得荡气回肠的作品；《追忆似水年华》，书名漂亮，是马塞尔的自传式回忆录，我在2000年前后，有整整一年时间深深沉醉于它。还有一本书，书名叫《为了报仇看电影》,太好玩了,是影评家韩松落的一本影评集——为了报仇看电影,想想就有意思。还有一本书叫《禅与摩托车维修艺术》,你以为这是讲摩托车维修艺术的吗？实际上它是一本随笔。《潜水钟与蝴蝶》,书名诗意浪漫,让人无限遐想。

你看,好影名、好书名多么重要。俗话说"宝剑赠英雄,好马配好鞍",好文好书得有好题目搭配,不然就辱没了它们。

词语是万物的边界

为什么文章要有题目呢？我们要从给事物命名的价值说起。

万物命名才有意义。硬盘、充电器、碗、书、楼梯、电视机、沙发、吊灯……假如这些物品没了名字,那这些事物都没有了意义,命名才让万事万物拥有了意义。

《符号学》当中有一段话,说任何新的活动、新的观念、新的现实,都需要予以命名。在此命名过程中,该活动、该观念、该现实在演说者的概念世界里才具有一个存在的空间。因为赋予它一个题目、一个名字,它才在这个世界上拥有了意义和价值。

海德格尔曾经说过这样一句话:"词语破碎处,无物可存。"

万事万物都要有词语去形容它。同样,没有题目,文章也就不可存了;没有了书名,文章也就不可存了;没有了片名,电影也就不可存了。

命名给书、文章赋予了价值和意义,这就是存在哲学,也是符号学的概念。

给文章赋予题目,文章就有了灵魂,就有了价值。尤其像公众号文章的表达,它是稍纵即逝的。如果没有一个好题目,哪怕文章写得很厚重,但题目抓不住大家的眼球,你的作品就会淹没在茫茫文海之中。就像在万人空巷的街道上,远远望去,你的打扮没有特色,每个人都千篇一律,你就没有了标识。没有了标识,就会成为工具人。

很多时候，题目真的比文章更重要。微信公众号文章的标题，更是 0.1 秒抓人的艺术——刷朋友圈，文章的题目不够吸引人，读者就不会点进来。包括我自己的很多文章，文章写得很认真，但是题目没有取好，它的阅读量就不高。所以，基于互联网的表达，标题真的非常重要。

比如有一篇文章，题目是《记一次粗心又不甘心的优质课评选》。如果平时在朋友圈，这样的题目没有太多的个性，我基本是不会点进去阅读的。文章打开一看，才知道原来它讲的是"24 小时计时法"。这个到底是计算的"计"还是记忆的"记"，说实话很多人搞不懂，大部分数学老师都会搞错。我抓住这个大家感兴趣的易错点，将题目改成《"计时法"还是"记时法"？我差点在优质课上栽了大跟头》，同时制造了一个悬念——为什么差点在优质课上栽了一个大跟头呢？这就有了吸引力。

题目一换，陡然精神。

好的推文标题具备哪些基本特征

第一，与"你"有关。在"得到高研院"学习的时候，导师经常说一句话："与我有关，我才喜欢。"推文一定要与读者有关，读者才会点进去，否则读者就会觉得"你的文章跟我有什么关系，我为什么要读你的文章？"所以，好的标题，一定要与"你"有关。

第二，与"我"有关。这里的"我"也指每一个人。

第三，对比冲突。题目要有对比、要有冲突、制造悬念，让读者有一种强烈的阅读欲望。

第四，请君入瓮。充分利用人人都有的八卦心理，把热闹的、热门的事情写到标题里边，请君入瓮。

我们来实际演练一下。

1. 与"你"有关

有两个题目：一是《写作，是这个时代最好的投资》，二是《不会写作的人，正在失去职场竞争力》。哪个题目可能点击率更高？大部分人会选二。为什么？因为"职场竞争力"更聚焦，跟我们每一个人有关，跟切身利益有关，读起来有紧迫感，会产生焦虑——这就是与"你"有关。而第一个题目"最好的投资"，就显得有点空。

还有两个题目：《重塑自己的形象，只要这三招》和《男友镜头里的你特别丑，有这简单的三招就不愁》。这两个题目的选择，有更深层次的讲究。马斯洛的需要五层次论：生理的需要、安全的需要、爱与归属的需要、尊重的需要、自我实现的需要。"重塑自己的形象"属于自我实现的需要，而"镜头里丑"是针对心理安全感的需要。需要层次越低，人群关注就越多，因为底层需要总是最基础的。所以，我们在拟题目的时候，要研究读者的心理需要，拟题就低不就高，低需求的人永远比高需求的人基数大。

2. 与"我"有关

两个题目：《暂停一下，让你拥有更多的纠错时间》和《有一种高级的自律，叫"暂停"》，你会选哪个？大部分人会选择第二个题目。它其实是借文章的题目来表达自我："我"是很自律的，让大家觉得转这篇文章的"我"很有修养。有时候，你不得不思考如何取悦读者。比方说，好多人都喜欢转发关于杨绛先生的"鸡汤文"，实际上是向大家表明，"我"努力向杨绛所倡导的方向去走，这是与"我"有关。文章的标题虽然是"你"出的，但仿佛说的就是"我"想说的话，那就是与"我"有关。

我的公众号上，曾经发过一篇章晓老师的文章《学校是你值得敬畏的地方》，这篇文章的转发率非常高。为什么呢？因为这个标题与"我"有关，文章所说的话，就是"我"想跟大家说的。

3. 对比冲突

《武林外传》里佟湘玉是怎么介绍吕秀才的呢？她说："他是关中大侠，亲手逮捕过盗神姬无命，但是他却没练过武功。"这个介绍非常有水平，充满了矛盾和冲突。

还有这样两个标题：《儿子高考 630 分，妈妈一条朋友圈让所有人心酸：你考得越好，我越难过……》《46 岁濒临破产，49 岁却成为世界首富！》这两个标题，就非常熟知互联网传播的思维：高考分数这么高，妈妈的朋友圈却让人心酸；46 岁破产，三年时间却成为世界首富，这人是谁啊？这么牛，点开看看。这就是好题目。

又比如《谁的人生不是一边在生活一边不想活》《谁不是一边坚持不婚主义，一边被迫相亲》，这两个题目都很有意思，一边生活一边不想活，要不是被生活所迫，谁愿意把自己搞得一身才华？用对比反差，给题目制造了一种冲突的张力。

我发在阅读打卡群的题目《在大文豪托尔斯泰眼中，莎士比亚的所有作品竟如此不堪！》，一看，就会产生一种好奇心：托尔斯泰很厉害，莎士比亚也很厉害，是文学界的两座不可逾越的高峰，但大文豪托尔斯泰居然如此看不起莎士比亚的作品，这到底是为什么呢？于是读者就想探个究竟，这就制造了悬念感。

4. 请君入瓮

这就是充分利用人的好奇心，爱八卦的心理。2019 年 8 月 12 日凌晨 2：46，我发出了这篇文章《辞去公职，开启全新的后半生》。我本来只想低调地发布，没想到一下子传开了，当天就有 28 万人阅读。为什么？因为好奇，大家纷纷来围观祖庆老师为什么要辞职。

基于网络公众表达的拟题技巧

1. 数字法

巧用数字，让你的标题更有吸引力。

长沙的曹永健老师写了一篇文章《班级图书馆建设：我是如何建造一间藏书2000册的教室的》。题目中，他突出了2000册这个数字。2000册对一间教室来说几乎是一个藏书的天文数字，一线老师居然可以建造一间藏书2000册的教室，这个数字一下子吸引了大家的眼球，大家就愿意点开文章阅读。

《一分钟述职，如何快速脱颖而出？》，这个题目的关键，就在于"一分钟"，述职居然可以一分钟搞定。

去年，我写了一篇文章，题目是《憋了33年的9个教育天问》。我为什么要写9个不是10个，因为"9"让我想起了屈原的《天问》。这个"9"表示多的意思，33年则表示时间很长。这个标题可以让人产生好奇：这个老师居然把这9个天问憋了33年。

宁波的冯旭老师写的《我在最牛小学读书》，这个题目本身不错。后来我看到她这所学校建校196年，我建议把题目改成《我的母校，今年196岁》，母校的形象一下子就高大起来了。白发飘飘的母校，196岁，太厉害了！

《我从没长大，但我从来没有停止成长》，苗旭峰老师的这篇文章本身写得非常好，写了1万多字。我把题目改成《一位21年教龄老教师的磨课史：磨课最该磨这些》。因为"我从没长大，但我从来没有停止成长"，好像与"我"无关，与读者的关联不够；而"老教师磨课时最该磨这些"，肯定是经验的提炼总结，大家就会觉得：这个与"我"有关了。

这篇文章发出来后，有十几个官方媒体转发。我让苗老师压缩到6000多字。写文章，有时候要注意读者的阅读感受，1万多字，太长了，要忍痛割爱，把一些可有可无的东西删掉。你认为重要的内容，有可能是别人心里的累赘；你认为的珍宝，有可能是别人眼中的败笔。写文章的时候，我们一定要想一想读者对这篇文章的内容哪些感兴趣，哪些不感兴趣。这叫什么？这叫与"我"有关。

2. 画面法

标题直接呈现一个画面，让读者产生一种联想，他就会主动把自己摆到这个场景里去，就会情不自禁地点开文章读起来。

长沙的周梦依老师写了篇文章叫《取题难，难于上青天》，难于上青天怎么办呢？祖庆老师帮"我"把天梯搭起来，这就有了一个画面——《取题难，难于上青天，祖庆老师帮我搭天梯》。

宁波的冯旭老师还有篇文章叫《风驰电掣的"887"婆婆》，这个标题多好啊，是赖建平老师改的，这个婆婆风风火火的样子就呈现在读者眼前了。《与龙王为邻》，一个讨海生活的画面感就刻画出来了。

谭银雪老师写了一篇文章叫《面对犟驴般的学生，我是这样做的》，这个题目很直白，也不错，但是我总觉得少了一点味道。我后来给他起了一个题目叫《"犟驴"喝汤记》——驴，怎么在喝汤呢？

戴冬茜老师曾经想过一个题目叫《点一杯"故乡的云"，收集日光与山色——九女峰游记》，我干脆改得更诗意一点:《揽日月与山色入怀，酿一杯故乡的云》。

《菜园"别墅"里，钻出鸡和鸭》，这篇文章原来的题目是《父亲，母亲，菜园和鸡鸭》，后来作者改成了《鸡和鸭，也住别墅》，经过讨论，最后文章题目改成了《菜园"别墅"里，钻出鸡和鸭》。菜园居然有一个别墅，点明了菜园，又用"别墅"来形容鸡窝鸭窝，而且"钻出鸡和鸭"——"钻出"就有了一种动态的感觉。

有画面感的题目，可以让读者自己展开想象，走进这个画面。这也是"请君入瓮"。

3. 对仗法

古人的文字往往非常整齐，朗朗上口，有节奏感。偶尔起一些字数一样、句式整齐的题目，也会给人眼前一亮的感觉。

比如《一部减肥史，几多辛酸泪》《教师节：灯亮一小时，职业亮多久？》，5个字对5个字，教师节亮灯，全国各地都在亮灯，我就发出了质问，灯亮一小时，那么职业亮多久呢？

还有一篇 10 多万阅读量的文章:《学生天天在过节,哪有时间去读书?》,这就是老百姓的大白话。实际上这个"天天"是夸张的说法,但我把它用在题目中,戳中了大家的痛点。刚过了"五一",再来一个"六一"……马不停蹄围绕着节日走,于是我就发出了质问:学生天天在过节,哪有时间去读书?

还有一篇文章《哪怕再忙碌,也要多读书!》,阅读量 2 万多。我当时想的题目是《为什么老师不读书?》。但这个标题对老师不太友好,老师不太愿意转,校长也不太愿意分享,而现在这个题目变成"跟我有关""跟校长有关";十个字,对仗工整,朗朗上口。

《没有九条命,别来当老师》《老师三个月的假期,是九个月的透支换来的》,这两篇文章是不是很熟悉?这两文,其实是一篇文章。写这两篇文章的人,就是我。这个题目是不是似曾相识?我是从余光中的《假如猫有九条命》得到灵感的。

4. 信息叠加法

有些标题,太空太虚了,读者不知道你在讲什么,也许就不太感兴趣。这时候,我们就要添加一些关键信息,让题目指向更明朗。

比如《点开即听:中小学教材里的必读书 & 学前至高中海量好书畅听》,这个题目告诉你,点开即可收听,这是一个动作指令。收听什么内容呢?中小学教材里的必读书,以及学前至高中的海量好书。这篇文章标题信息丰满清晰,阅读量也达到了 40 多万。

《收藏!2022 年全国学前及中小学寒假分年级阅读推荐书目来啦!》这是"祖庆说"曾经发表过的一篇文章。"收藏",也是一个动作指令。有时候我们加上一个动作指令,或者点明心情——愤怒、震惊等,读者就会有一种代入感。

深圳的杨婷老师,写过一篇《为爱阅读:佳佳和妈妈的阅读》。这个题目为什么不好呢?佳佳是谁?妈妈是谁?什么阅读?它与"我"无关,题目给出的信息量不够。这篇文章的题目,最后改成了《为爱阅读 | 一年级教师妈妈的亲子阅读经》。"一年级教师妈妈",一目了然。"一年级""教师""亲子阅

读经",这三个信息加上去之后,信息量增多,就更有说服力了。

又比如《回归童心,是最大的凯旋》这个标题。什么叫"回归童心"?什么叫"是最大的凯旋"?指向不明确。后来改成《回归童心是最大的凯旋:那些温暖的阅读时光》,把"温暖的阅读时光"添加上去,读者一看就知道原来是讲阅读的文章。把相关的信息添加上去,是非常重要的。

周梦依老师,曾经写过一篇文章《永恒的小太阳》。谁是永恒的小太阳?我给题目加上关键信息——《林良:儿童文学界一轮永恒的"小太阳"》,这样,题目的指向就明确了,读者就知道这篇文章是在介绍林良这位作家。

汤汤老师(不是作家汤汤,而是谷里写作营学员)最近一段时间一直在写跟绘本相关的文章,尤其是低年级怎么读绘本。她原先拟的题目是《让孩子爱不释手的绘本!》。从题目来看,文章的主题是绘本,但实际上这篇文章是介绍读绘本的方法,题目指向不明确。修改后,题目变成了《"找不同,找相同":在游戏中感受绘本的无穷魅力》。"找不同,找相同"直接指出绘本阅读方法,再加上"在游戏中感受绘本的无穷魅力",游戏出来了,方法出来了,魅力出来了。信息叠加,题目的指向就非常清晰了。

5. 半露半掩法

文章的题目不能让人一眼就看到底。一眼到底,读者往往就对内容不太感兴趣了。所以写文章,要学会用半露半掩的方法来拟题。

李海波老师写了一篇文章《教师如何专业阅读,这本书给你支三招》。这篇文章的重点,是介绍这本书还是讲这三招?我认为重点是在讲这本书。我当时给他提了个建议——把题目改成《关于阅读,我曾经掉进很多坑,直到遇见这本书》。这篇文章讲的是阅读掉坑的事情,这是"露"出来的,告诉大家讲的是阅读。"直到遇见这本书",直到遇见哪一本?这是"藏"起来的。读者会产生一种好奇,这就是"半露半掩"。这篇文章在"祖庆说"公众号发表过,文章感染力十足,通过文末链接,销售了八十几本书。关键是文案写得好。文案写得好,关键是题目要好。"阅读掉进很多坑"是很多人的痛点,题目戳中了痛点，也就激活了痒点。

《关于写作，我从毫无章法到突然找到门道，用了35天》，作者贡艳华，是一位数学老师。这篇文章原来的题目是《关于写作，从无道似乎找到门道》，"无道似乎找到门道"，稍微有点平；题目修改后，突出"用了35天"，读者就会产生疑问：你是怎么找到这个门道的？你为什么35天就找到了？这是"藏"起来的部分。这篇文章讲什么？题目有关键信息——"关于写作"，这是"露"出来的部分。

《既然一辈子做老师，那就做这样的明师——读〈晴耕雨读好教师〉》，这篇文章原来的题目是《向着明亮那方——读〈晴耕雨读好教师〉有感》。类似"向着明亮那方"的题目，千万不要用！如果是十年前用这个题目读者还有新鲜感，现在这个题目已经太老套了。修改后的题目中，这个明师的"明"字，是明亮的"明"，是不是错别字呢？制造了悬念，这就是"半露半掩"。

《励志演讲为何常常让人反胃，我从这本书里找到答案》，这个题目"露"出什么？"露"出来的是"励志演讲"。后半部分的"找到答案"，"答案"是什么呢？这是"藏而不露"的。

《二胎家庭残酷真相：老大比不上老二精，但一定比老二……》，这个省略很妙，"一定比老二"怎么样呢？

《入门，入境，入道——我的读书方法》，这个题目让人一目了然：文章内容是关于读书方法的，但是怎么"入"的呢？这就勾起了读者的阅读欲望。

包丽星老师写了一篇文章，《跟着祖庆老师长成一棵大树——读张祖庆老师〈从课堂到课程〉一书有感》。这个题目读起来一清如水，"祖庆老师"和"一棵大树"都交代得明明白白了，没有悬念；而且，有些老师也许读过《从课堂到课程》这本书，所以不如干脆不告诉读者是一本什么书。最后，我把题目改为《这本书，给一线教师画出了清晰的成长路线图》。"一线教师成长路线"，这是写在明处的；但是画出什么样的成长路线呢？又是哪一本书呢？保密。这就能引发读者的好奇心。

刘在丽老师写了一篇《让爱玩成为好事》。这篇文章写的是学生办跳蚤市场，自己卖书，很有意思。文章的题材很不错，但标题很一般。我让大家讨论，大家想到了一些好题目，其中《从书童到商人：孩子们经历了什么？》和《语文老师化身市场总监，阅读竟被孩子们玩成商业party》，这两个最为突出。"语文老师"是怎么化身为"市场总监"的？"阅读"是怎么"被孩子们玩"的？这就让读者产生了一探究竟的心理。

《改了10年试卷的我，竟在一道简单的题目上翻车了……》，这个题目就是利用读者的好奇心：改10年试卷的应该是老手了，可是竟然在一道简单的题目上翻车了。这道题目讲的是什么？为什么会翻车？让人感到好奇。

《对抗焦虑有什么好办法？行动啊！》"行动啊"三个字，交代得太清楚了——谁不知道对抗焦虑的方法就是行动啊。读了题目我就知道内容写什么了，那这篇文章我就不想读了。其实题目可以虚化：《对抗焦虑有什么好办法？三个字！》，究竟是哪三个字？读者感到好奇，就有可能点开了。

还有一个老师写了篇文章推荐李欧·李奥尼的绘本，题目非常棒：《如果只能推荐一本李欧·李奥尼的书，我毫不犹豫推荐它！》你看这个标题是不是半露半掩？露出了李欧·李奥尼，遮了"究竟是哪一本书"。

《家长，特殊时期我们需要您的特殊配合》，这个标题本来是很好的热门文章，我转载的时候，自作聪明把"家长"去掉了，变成了《特殊时期，我们需要您的理解和支持》。结果家长懒得转，老师也懒得转。有"家长"两个字之后呢，很多老师都会主动转发，这是标题改得不成功的例子。

半露半掩，露什么？掩什么？

露大方向，藏小招数。让大家明白你讲的是一个什么样的话题；把一些具体的方法和内容藏起来。

露不重要的，藏最重要的。一篇文章里最有意思的部分，你不直接告诉读者，而是吸引他们打开文章，寻找答案。

标题的艺术，就是吸引读者点开阅读。

好题目要在读者的心里挠痒痒,既告诉你,又不全告诉你。

6. 热点痛点法

如果你经常关注微博、微信,有一些热点事件刚好和你的思考是贴近的,那你就可以写一些与热点相关的文章,贴近热点,戳中痛点。

这样的文章我写过非常多。比如《老师为何为难老师》,讲的是当下老师群体的内卷。

《假如没有寒暑假,谁还愿意当老师?》,这篇文章是我在2020年暑假写的。当时据说有些地方要取消寒暑假,我就急了,把老师的寒暑假给剥夺了,谁还愿意当老师?我花了大概一个小时时间写了这篇文章。文章发出去后反响很好。

《语文成为拉分王,请别以分数的名义杀死阅读》,中考高考一结束,大家都说"语文成为拉分王"。于是好多教研员就拿课外书来考试,以分数的名义把阅读给杀死了。于是我就写了这篇文章。

这样的文章还有很多,《关注:"你是老师,不是在流水线!"每位老师都可以记住这句话》《"我们班只要老师不要名师",家长群的这番话刺痛了谁?》等。

7. 陌生化

让题目适当陌生化。如果一篇文章的题目是大家耳熟能详的,读者就可能不愿意点开阅读。

白丁老师拟了一个题目叫《教育是一场温暖的修行》,这个题目比较虚——温暖的修行,大家都在谈,没有个性。我帮她改成《共情力:每个智慧班主任必须拥有的暗能力》,"暗能力""共情力"就非常有意思,题目一下子亮起来了。

《语文书里的几粒种子》这个题目,我给它添了个尾巴——《语文书里的几粒种子,给岁月以遐想》。这个题目,也让人遐想。

《悲欣交集,也是清明》,我把题目改为《告别与心声,总是接踵而至》;《七个春天,一千零一个早餐——晨诵之光课程记》题目太直白,太"实"了,我改为《七个春天,一千零一个嫩绿的早晨》。妙就妙在这个"嫩绿",用"嫩绿"来形容早晨，有意思了，有诗意了，陌生化了，好玩了。

曾亚群老师有篇文章叫《学生打架，我竟然把教育权交给学生》，这个题目很好，也很清晰。但我看到文章里有一个句子"有个同学叫花将军，有个同学叫宇将军，两个人打起来"，我就想到《老班成司令，"花将军"和"宇将军"化干戈为玉帛》，这个题目也很有意思。

我曾在生日时写了一篇文章叫《张祖庆：五十知天命，而我却活成了"斜杠少年"》。这个题目，就运用了陌生化和矛盾——什么是"斜杠少年"？五十知天命，为什么却变成了"斜杠少年"？为什么自己夸自己是"斜杠少年"？竟然有这样自信的人吗？读者感到好奇，就会点开阅读。

8. 狐假虎威

借助一个名人、一个热点事件，或者一些比较著名的文章，让它们为我所用，用来表达自己的想法，引发大家的阅读兴趣，这就叫"狐假虎威"。

《斯坦福大学研究发现：最高级的"鸡娃"方式，竟是"陪娃聊聊天"》，这个题目就是把斯坦福大学这只"老虎"找出来了。

《致家长：珍惜老师，从好好交作业开始》，这是借老师的名头告诉家长要怎么做。

9. 正话反说

《加入谷里写作营37天里，我前所未有地懊恼》，懊恼什么？懊恼来迟了，懊恼更新文章不勤快，懊恼自己没有内容可写，懊恼自己遇见谷里书院太迟了……这个懊恼，其实是为了表扬谷里书院的，这叫正话反说。

10. 直接引用

直接引用学生、领导、家人、朋友说过的一句话，也可以作为题目。

你觉得某人说的某句话非常有意思，加上引号，直接作为题目，这个方法也非常好。

《"哪怕只有一个观众，我也会把课讲好"》，这句话出自两年前的夏天。我因某些原因把我讲课的时段让给了管建刚老师。上午，管老师面对着600

人讲课；到了下午，没想到上级突然通知必须解散培训，我就站在孤独的舞台上，一个人面对着空气讲课，大家在网上看直播。当时我说："哪怕只有一个观众，我也会把课讲好。"这件事情，廖从城老师把它写下来了，直接用我这句话来做标题，写得非常好。

基于网络公众表达拟题三忌

一忌标题党。比如"郎平传来好消息"，结果并没有什么好消息。这种文章，逮个鸡毛当令箭，故意耸人听闻，读者读了半天，发现标题跟内容没什么关系。读者被哄进去一两回以后，就不愿意再点开你的文章，这种题目是最忌讳的。

二忌大而空。比如《向着明亮那方》《不平静中的平静》，你到底要讲什么？题目读起来让人摸不着头脑。或者干脆来一个《成长》，题目太大了。题目应该要小而美、小而新、小而靓，我们要从"小"里出题。

三忌杂而乱。比如《【某某某 第138篇】清明时节雨纷纷，清明节发生的这一幕，让人泪目！珍惜身边人》。题目想表达的意思太多了，一旦多，大家就觉得信息杂乱。真没有必要把那么多东西放到题目里，拟题一定要聚焦。不少老师喜欢在微信公众号推文中，把自己的名字直接挂在标题前面。我想问：你是名人吗？如果不是，一般不要把你的名字放上去。有时候读者看到一个陌生的名字，就不点开看了。还有微信公众号的名字，第几篇原创等，这些信息对读者来说都不重要，删掉。

刻意训练，提升拟题能力

拟题要怎样训练呢？

刻意训练，提升拟题能力！

拟题能力是训练出来的。

第一，3选1法。有一段时间，我经常让大家练习"3选1"——写完文章后，为这篇文章想至少三个题目，再从中选择最佳题目。

我曾经写过一篇爆文，题目叫《语文成为拉分王，请别以分数的名义杀死阅读》，有20多万的阅读量。这篇文章缘于某年中考后，大家突然惊呼，阅读题的题面内容越来越深，字数越来越多，"得阅读题者得语文"。于是，很多人把课外必读书中的内容，出成考题，结果学生对读课外书，失去了兴趣。我拟了另外两个题目：一是《得语文者得天下，请不要以考试的名义，扼杀阅读的兴趣》；二是《语文考试，请不要把"必读书"当作"必考书"》。我把三个题目发在几个群里，老师们一致认为，第一个题目好！"杀死阅读"触目惊心，过目难忘。其他两个，力度均不及第一个。后来文章被很多媒体转载。

第二，随手记录法。你想到了好题目，要随手把它记下来。然后备注一个时间或者一个场景，总之你先把它记下来。慢慢地，你就建立了一个海量题目库。当你没内容可写的时候，或者忽然想起，什么时候曾经想到过这样一个题目，你就有了写作好题材了。

第三，照片模拟法。琢磨菜的照片，取个好题目。比方说你看到一盘菜，里面有菠菜、木耳，突然就想起这个可以叫"波黑战争"。

清炒绿豆芽，有黄的，有绿的，叫"母子相会"。

红辣椒炒青辣椒，叫"绝代双椒"。

糖拌西红柿，叫"火山飘雪"。

猪耳朵牛舌，舌头说给耳朵听，叫"悄悄话儿悄悄说"。

【结束语】

"众里寻她千百度，蓦然回首，那人却在，灯火阑珊处。"我们如果经常去寻寻觅觅，经常去如切如琢，何愁想不出好题目呢？你脑子里不缺乏好题目，而是缺乏取好题目的耐心与时间。

第七讲

写出你的故事与事故——实用故事公式

这一讲,主要跟大家曝光一下我的"黑历史"——当然,偶尔也有"高光时刻"。

让人泪流满面的"我是谁"

前面提到,2021年,我在"得到高研院"进修,曾经做过一个"你是谁"的游戏。伙伴连续问7分钟的"你是谁",被提问者要不假思索地回答,且答案不能重复。问到最后,有的同学泪流满面。

在这个游戏当中,我整整讲了9分钟。我围绕自己在家里的角色、在社会上的角色,以及我作为大众一员的角色来回应。

我们的角色是多重的,而在各种角色当中,会表现出截然不同的状态。在学生面前,你可能是个尽职尽责的老师;在没人的情况下,你可能会随意扔垃圾,也有可能会翻越栏杆……各种角色中截然不同的生命状态,会导致我们角色分裂的危机。

我们在从事不同行业、不同角色的时候,身份标准是不一样的,我们的行为也会不一样。《自我的挣扎》一书中,有一句话令我印象很深:"如果一个人找不到自己的核心身份，他就会痛苦地感到：他只是一张张面具。在不同情境下选择不同的面具戴上，但在那些面具之下，他的内在自我空无一物。"人，需要寻找自己的核心身份。

如何去寻找呢？

很简单，去做事。在做事中寻找属于自己的故事，寻找自己的核心身份。确定身份，找到故事，你的生命就会由一个又一个故事链接而成。故事长链中，有跌宕起伏，有波澜壮阔，也有平静如水。

生命是一串故事长链

> 一个好的生命故事，能将不同的自我整合起来，在扮演角色之外，我们依然遵循一个有条理、有主题、前后连贯的故事线生活。
>
> ——[美] 丹·P. 麦克亚当斯

承担一个主要角色的过程时，我们可以把其他角色也串联起来，整理出一条故事的主线，再用价值观统领故事主线。通过我们的生命叙事，找到一个核心的故事，这时，你会发现你的人生有了一条非常清晰的脉络。

> 拥有一个让我们满意的故事，能让我们在满意中离开人世。（同上）

我们常常说这一生有太多太多的遗憾。这说明我们还没有把我们的故事演绎好，有太多太多的不尽如人意之处。活着的每一天，就要好好讲述自己的生命故事。把一天天、一月月、一年年的故事讲好，生命就没有太多遗憾了。

爱利克·埃里克森有一个观点：人们在老年时期会遭遇最后的社会心理冲突，即"自我完整感的失望"。

获得自我完整感，就要接受自己的生命故事，认为它具有独特的价值并不可取代。

我们活在这个世界上，是为了什么？

是为了创造生命故事！这，其实也是我们对"存在"的回答。

是的，我们常常自问。夜深人静的时候，好多人往往陷入迷茫，活着是为了什么？一方面，人觉得自己几乎能够解决所有的困难，无所不能；但另一方面，人又非常清晰地知道，自己最后的结局必定是死亡，成为蛆虫的食物。

人非常脆弱又可怜，时常被一种巨大的虚无感、无力感包围。

在现代世界里，演绎好自己的生命故事，就是对自己身份的认同。你在这个世界上扮演怎样的角色？由你的故事决定。

创造生命故事，书写并回味自己的生命故事，这就是活着的意义。我个人认为，活在这个世界上，应该用生命去创造一个又一个有意思的故事。当然，并不一定每个人都要写下来。若能写下来，将会更好并更容易回味自己的生命历程。

而我们写下的一篇又一篇文章，就是生命故事链条中一个又一个鲜活的节点。让我们创造出属于自己的生命故事，书写自己的生命故事。当我们行将老去、奄奄一息的时候，回首往事，会觉得创造了一些有意思的故事，这一生没有白过。

纵横梳理，珍藏我们的生命故事

1. 纵向梳理，把握生命节奏

我们可以纵向梳理自己的生命时光轴。

纵向梳理生命，这时，写作课不仅仅只是学写作，而是通过写作审视自己的存在，直指自己的内心，发现更好的自己。

写作，不仅仅是手艺活，更多的是对自我的深度叩问，是对生命的审视和重塑。

我们可以从人生四季——少年时期、青年时期、中年时期、老年时期这几个阶段来回溯有哪些不同类型的故事。

童年游戏、少年求学；青年恋爱、成家立业；中年时期，成为中流砥柱的迷茫、沮丧，抑或振奋；老年时期，缓缓地进入老境，平静地过好每一天，或者学习新的东西，获得重生。

不同时期，有不同的生命色彩。少年时期的童心烂漫，青年时期的热情奔放，中年时期的沉稳大气，老年时期的归于平淡。人生四季，生命旋律、节奏、色彩、温度都是不一样的，我们要学会梳理。

我们还可以从职业发展的不同阶段，来纵向梳理。

如果你是一位新教师，你可以梳理自己的求学生涯，再回顾自己是如何求职的；入职之初，你是怎样从焦头烂额，到慢慢适应的；拜师学艺，你是怎样学会班级管理的；家校沟通，你是怎样跟家长打交道的……这一切的一切都可以好好地梳理。

如果你是骨干教师，你依然可以去梳理求学、求职、职初生涯、你是如何成为骨干教师的等等。

如果你已经成了卓越教师，还可以回想一下，自己是怎么跨越骨干抵达卓越的。在这个过程中，有哪些难忘的往事，有哪些从量变到质变的标志性成长，有哪些关键事件，有哪些关键人物，有哪些刻骨铭心的往事……你都可以把它们一一梳理出来。

在我的职业生涯中，我可以梳理出很多个第一次：1990年第一次评课，1990年第一次写论文，1991年第一次上大型公开课，1995年第一次到省城听课，2004年第一次在省城上课，2004年第一次发表文章，2006年第一次出书……光是"第一次"，我就可以列出十几个题目。你也可以选择那些特别有意思的"第一次"、让你特别难忘的"第一次"，把它写出来。比如我第一次出书的经历，就很有意思，我把它单独写了下来。（详见本书第一章《人，为什么要写作》）

2. 横向梳理，寻找关键事件

刚才说的是纵向梳理生命的时光轴，我们还可以横向梳理。怎么梳理呢？我把它列为关键事件、教育故事、教学故事、生命片断。当然关键事件跟教育故事可能是有交叉的。

（1）关键事件，让故事更有嚼劲

什么是关键事件？

这件事对你的生涯发展乃至生命产生重要的转折意义，不论是积极的还是消极的，这件事都可以成为关键事件。

关键事件可以从这八个方面去梳理：高峰体验、低谷体验、生命的重大转折点、最早的记忆、重要的童年记忆、重要的青春期记忆、重要的成年记忆、其他需要补充的重要记忆。

高峰体验：生命故事中的巅峰时刻，你一生中最棒的时候。一个优秀的老师，往往会在课堂上，在教育的片断中，和孩子们产生最深刻的链接、最美好的创造，这就是职业的高峰时刻。一个好老师，应该是充满故事的老师。只有这样，孩子们才能够在我们为他们创造的故事当中获得更多美好的回忆。

低谷体验：生命故事中的最低点，一生中最糟糕的时候。让你长夜痛哭的经历是什么时候？让你快要崩溃的是什么时候？让你差一点要放弃这一份工作，是什么时候？什么样的境况下哭得泪流满面？有没有辞职信都写好了，最终却没有勇气交出去的时候？你好好地回忆一下，把生命故事的最低点、一生中最糟糕的时候回忆出来，写出来，这也是一种疗愈。

我曾经当过一段时间的常务副校长——在王崧舟担任校长的拱宸桥小学干过两年之后，到另一所学校里做常务副校长。可能因为机制的原因，也可能因为自己不擅长当管理者，还可能因为学校里要管的事情太多……总之，那一段时间我发现自己管理做不好，语文也教不好，公开课上得没有灵气，论文也写得少。为什么？一是因为忙碌。忙碌了，没有时间去想学术的事情。二是因为心浮气躁，没有笃定感，所以静不下心来做事情。我不快乐。

这个时候，我遇到了生命中的关键事件。那是 2008 年 12 月的某一天，我约上朋友王小庆老师，来到莫干山路的"半亩地"饭庄，点了几个小菜，点了两瓶黄酒，对饮畅谈。小庆老师跟我聊自己的阅读、评课，自己生命当中的一些往事。我跟他聊我这一段时间的困顿，聊我自己的想法。

我突然萌生了一个念头，我要辞去常务副校长的职务，回到教学的岗位上，回到语文的大地上；跟孩子们在一起才是最有意思的，也是我最喜欢的事情。聊着聊着到了下午 3 点 30 分，天空突然下起了茫茫大雪。后来，我意识到，雪中的抉择，是我生命中的一个关键事件。

好一场大雪！让过去清零，干干净净，茫茫一片。

于是我重新拿起语文书，沉入班级，跟孩子们在语文的世界里徜徉，跟孩子们一起写故事、读书。

我带着孩子们在古今中外的经典中漫步，和孩子们一起在博客上创意写作，带着孩子们跟天台县平桥镇的孩子相互通信。我找回了快乐，找回了自己。2010 年，我被评为浙江省特级教师。

我的生命中，还有一些重大的转折点：1995 年放弃私立学校，1999 年选择另一所学校，2004 年离开故土，2011 年放弃深圳，2019 年裸辞创业……这些，都是我生命中的重大转折点。

生命中最早的记忆。你认真地去盘点一下，你最早的记忆是什么？这个故事的背景是什么？场景是什么？人物都有谁？你当时的感受和想法是什么？

和大家分享我最早的记忆——

那是一个风雨交加、暴雨如注的夜晚。我的爸爸和妈妈在生产队里的仓库分粮食，我跟姐姐、弟弟在家里，饥肠辘辘，眼巴巴地等待父母的归来。

风越来越大，雨越来越大。等了好长一段时间，风雨慢慢地停了。爸爸挑着一个空箩筐回来了，妈妈一把鼻涕、一把眼泪、一把雨水地哭哭啼啼："什么都没有……我们家又没有分到粮食……"

为什么会这样？

因为我家是生产队里唯一的张姓人家，其他人家都姓陈。我家又是生产队里最边上的一户，理所应当地被排在最后。分稻谷、分稻草、分番薯，经常是分得最少或者没有的。生产队里分东西都是估算的，加上我爸那个时候做事情一丝不苟，插秧、割稻，动作都比人家慢，在生产队里是被人看不起的。

我母亲经常说，儿子，你一定要争气，替你妈出一口气，你一定要出人头地，一定要有出息。那个暴雨如注的夜晚，成了我生命的底色。这种自卑感，让我很早就发誓要通过努力，超越自卑，追求"优越感"——"追求优越感"正是我们人类不断进步的源泉——也成了我所有奋斗的源泉和动力。

阿德勒在《自卑与超越》这本书中说："幸福的人用童年治愈一生，不幸的人用一生治愈童年。"我曾在对这本书的解读中说过自己的童年往事。所以，当我们回想自己最初的记忆时，你会发现，这最初的记忆跟你的生命成长是密不可分、息息相关的。它成了你人生的底色，你这部"人生电影"的背景音乐。

背景是什么？生产队里我家姓张，其他人姓陈。场景是什么？暴雨如注的夜晚，爸爸挑着空箩筐回来。人物有谁？有爸爸、妈妈、我、姐姐、弟弟。我的感受是什么？贫穷落后就要被人欺负。我的想法是什么？我一定要争气。

所以当你内心足够强大的时候，你可以把这些故事写出来，梳理和回顾自己的人生。

还有一个关键事件，我印象特别深：

大概10年前，周一贯老先生的夫人，在一次工会活动当中，因为大巴翻车，不幸亡故。周一贯先生为夫人举行葬礼，我也去送行。大概七八天后，先生手书一张便签寄给我。

尊敬的祖庆先生：

见字如面。夫人不幸亡故，人生遭遇不测。幸有祖庆师百忙中前来慰问，让我备感温暖与宽慰。

　　生命有涯，学问无际。我将尽快走出悲痛，振作精神，继续为小学语文教学，为年轻教师的成长，尽绵薄之力。

　　今后，若有用得着我的地方，请尽管吩咐，当赴汤蹈火，尽己所能！

　　祝好！

您的朋友周一贯
某年某月某日

肃然起敬！

作为晚辈，去送他夫人，这是理所应当，这是我的本分。先生居然亲笔写下答谢函。境界、格局、胸怀，让人无比感慨。一个小小的细节，可以看出一个人的境界与格局。这就是人格的魅力！

这张纸条，深深地震撼着我。高山仰止。周一贯先生，学术的楷模，生命的楷模。

这件事情对我触动很大，我开始反思自己。平日里经常有老师向我求助，我有时候忙不过来，没有办法一一回应，有的时候甚至连微信都没有回复。比起周一贯先生，我真的觉得自己差远了，他是我一辈子值得敬重的人。

（2）教育故事，凝视生命的思考

教育故事，我们可以写成功的事件、失败的事件，还可以写值得讨论的事件，等等。没有文采，不用怕，写起来再说。文采并不是最重要的，思想才是最重要的。

先说说成功的事情。曾经，我的班上，有一个非常急躁的何同学，常常在课堂上急得要伤害自己。我让他跟我一起比赛。我说何同学，张老师最近一段时间经常上网看"人教论坛"，这会影响工作。你一下课就来看，凡是我在上论坛你就扣3分；而何同学如果在课堂上急躁了，就扣1分。于是，我故意制造失败的假象，让他获得成功，再大张旗鼓地表扬他，发喜报给他家长。经过一段时间不断的提醒，一个月后，何同学真的变得大气起来，我在他的心里埋下一颗大气的种子。

在童年岁月里埋下的种子，在往后的生命里一定会生根、发芽、开花、结果的。

再来说说失败的事情。我曾经调到温岭一所小学任教，那个时候我的女朋友——现在孩子的妈妈——还在海岛工作。有时候她会到我这边来看我。当时，孩子们的教室跟我的寝室是面对面，学生就在那起哄："张老师，张老师，女朋友，女朋友……"我那时候很害羞，怕被嘲笑，于是就很生气，把这些学生整到讲台前面，让他们写检讨书，甚至有一些粗鲁的动作。结果孩子们的爸爸妈妈告到校长室。这件事情我处理得很不光彩。现在想起来，学生笑就让他笑，有什么关系呢？谈恋爱是很美好的事情，何必怕学生笑呢？当时，我不够大气，不够智慧，以至于自酿苦果。

再如，我曾经发现学生玩卡牌，玩得不亦乐乎。他们甚至成立了一个"董事会"，成立了一个"公司"。学生把卡牌借出去几天之后，会获得利息。我发现学生都在玩，成天聚在一起，我就把他们的卡牌都缴了。

学生就很气，来找我："张老师，这些卡牌，我们都是花了钱集的，花了那么多钱被你一下子缴去。卡牌不能带到学校里来，我们可以在家里玩儿。"

学生接着说："实际上玩卡牌并不是玩物丧志，我们可以学到很多知识。比方说这个三国卡牌，里面有三国人物、三国兵器，我们可以跟阅读结合起来，还可以培养我们的财商。我们有的同学当'董事长'，他会了解利息的概念和众筹的概念。老师，你看是不是非常好？"

听学生这么一说，我觉得很在理，就对他们说，卡牌可以玩，但是要规定哪些时间可以玩，哪些时间不能玩。我还让他们把玩卡牌的事情写成文章。这样一来，一举两得，多好。

游戏是童年美好的记忆，老师不能武断地扼杀学生的兴趣，而要因势利导，让他们玩得更有意思、更尽兴、更有童年味。

很多时候，老师一旦真正蹲下来，从孩子的角度去看待他们，会更容易走进他们的心灵。我们会真正看见孩子，看见他们的需求，看见他们的愿望，看见他们的情感，看见他们的价值观，看见他们的喜怒哀乐……于是，我们的教育就多了一份民主，多了一份孩子对我们的信任。蹲下来看孩子，孩子才能真正接纳老师、亲近老师。只有亲近才是最好的教育。

类似的教育故事，我们一定会有很多很多。把这些教育故事写下来，不就是对往事的一种盘点、对教育的一种整理吗？这是一种凝视、一种发现、一种提炼。

（3）教学故事，深耕专业版图

接下来，我们说说教学故事。

《穷人》这篇课文中，"睡觉还早"这个教学片段非常有意思，我把它写成了故事。

这一天，我带着孩子们上《穷人》，我让孩子们去发现穷人当中的穷。孩子们从环境描写、语言描写、心理描写，找出了穷人确实很穷。突然有一个孩子说：老师，我觉得"睡觉还早"这4个字好像也在写穷人穷。我心里咯噔一下："睡觉还早"怎么能写出穷呢？我问孩子："为什么你觉得'睡觉还早'能看出他们很穷呢？"

于是，孩子就联系下文，确认。当时"时间不早了"，为什么说"睡觉还早"呢？因为这是穷人的时间。穷人有干不完的活，渔夫早出晚归，哪怕风浪很大，也是很迟回来，所以"睡觉还早"写出了穷人的穷。我教书15年，第一次发现这四个字力重千钧。是呀！已经晚上十一点了，对于桑娜来说，丈夫尚未归来，自己又如何安心入睡？天色已晚，心里却说"还早"，是因为放心不下晚归的丈夫。只有穷，渔夫才会打鱼打到半夜；只有穷，渔夫才顶着大风大浪也要拼命拽回那唯一的、可养家糊口的、被撕破的渔网呀！

此刻，我猛然顿悟：孩子成了我的老师，他在教我解读文本。我在后来的教学当中把"睡觉还早"放大成了我的亮点设计。你看,有的时候我们要保持倾听,要延迟评价,让孩子去发现,让孩子去创造;孩子有时候也能在课堂上点亮我们,成为我们的老师。

再讲一讲给教材纠错的故事。语文教材中有这样一副对联:

山山水水处处明明秀秀
晴晴雨雨时时好好奇奇

学生发现"山山水水"跟"晴晴雨雨"并不相对,"山"是阴平,"晴"也是阳平,阳平对阳平,怎么行呢?应该是"水水山山"对"晴晴雨雨"。

于是,我到杭州西湖的中山公园实地考察,发现确实是"水水山山"。后来我们给人教社写了一封信。第二年,教材改过来了。

我后来再去实地考察,发现西湖的中山公园大有来历,这个公园是乾隆皇帝当年的行宫所在地。我把孩子们带到现场去讲解,又长了见识。这样的教学故事,和我们的专业成长版图打通了。

除了这些,我们还可以写极其尴尬的故事、无地自容的故事、闪闪发光的故事、让人后怕的故事、笑疼肚子的故事、直掉眼泪的故事、痛不欲生的故事……

用心写作,让故事闪闪发光

写作最大的意义,是通过文字,让故事闪闪发光。纵向梳理,横向梳理,可写的东西太多了,永远写不完。

2020年12月,昆明某少年宫,董尚元老师在上课。上到一大半的时候,停电了。主办方明确告诉我,下一节我的课恐怕用不上电了。

我向主办方要了"小蜜蜂",对老师们说:"老师们,这堂课没有电,我们用小蜜蜂在黑暗中上一堂口语交际课,可以吗?"

台下的老师纷纷说:"不行。""太黑了。""听不见。""冷。""退票。"

如果不去解决这个问题,现场乱套了,怎么办?

于是,我把手机的手电筒模式开启,做了举起手机的动作。老师们,你们想象一下会发生什么事情?整个会场就成了闪闪烁烁的银河。

我灵机一动,说:"老师们,我要向你们招募10个点灯人!"结果,有十五六个老师,带着手机上来。黑暗中,万千"萤火虫"亮起来。

孩子们就在老师们的照亮下,写这堂课发生的事情。大概只用了20分钟,孩子们写好了。我请孩子们上台分享。孩子们写得非常好。

上完这堂课,我想起了木心在《云雀叫了一整天》中的一句诗——"我是一个在黑暗中大雪纷飞的人哪!"我就写了《那一堂在黑暗中大雪纷飞的课》的文章——

> 最糟的是,我的嗓子沙哑到近乎失声。
>
> 台上,一片昏暗,话筒不响,屏幕漆黑,我和孩子们仿佛身处暗夜。
>
> 台下,一阵骚动,主办方告知,变压器检修,上午不可能来电。
>
> 我试着让一个孩子站在舞台正中央和老师们沟通,看看能否在黑暗中上一节特别的口语交际课。
>
> "不行!"
>
> "听不到!"
>
> "没空调!冷!"
>
> "退票!"
>
> 老师们情绪激昂,会场内近乎失控。

这就是场景,这就是细节,用有画面感的文字去写,写出了困境,写出了我遇到的挑战。对场面、对过程的描写,就像画画一样。

以下是对策。

　　下意识地，我打开手机，开启手电筒模式，让老师们看到我，便于进一步沟通。一束光，射向了黑暗的人群。我故意晃了晃，光，也跟着在会场各个角落晃动。

　　忽然，奇迹般地，人群中，也亮起了光。一束光，两束光，三束光……星星点点，明明灭灭。

　　暗夜里，有光，从各个角落，次第亮起来。

　　台下一束束光，呼应着台上一束光，闪闪烁烁，整个会场，灿若银河。

　　望着眼前这一幕，忽然内心一动，想起著名诗人木心的诗句"我是一个在黑暗中大雪纷飞的人哪！"

　　眼前的场景，不就是"黑暗中大雪纷飞"吗？！

　　对，就用它做题目，记录这浪漫而温暖的课堂。这暗夜里点点微光，告诉我，也告诉所有场内外的老师们——

　　课堂，有光；生命，有光。

我并没有在结尾太多阐发，就一句话，干脆利索，把文章结束掉，留下的，让读者去思考。

好，写故事的公式来了。

困境（挑战）+ 对策 + 惊喜 = 好故事。

在教育教学过程当中，我们常常会遇到某个困境。众里寻他千百度，蓦然回首，"对策"却在灯火阑珊处。

一个好故事，绝不会平铺直叙，它有愿望、有障碍、有对策、有变化。这样，故事才会吸引人。

写故事，我们要努力去还原。还原细节、还原场景、还原过程、还原自己的心路历程。这样，故事才能写得真实、饱满、立体。

好故事＝事故＋突围。遭遇事故，怎么样巧妙地突围？上文，就是很好的例子。

写好故事的第二个公式：好故事＝冲突＋画面。
什么是有画面感的文字？我们来看一篇文章。

星巴克咖啡屋。
飘着轻音乐和咖啡的清香，灯光柔和，很适合静思与恋爱。
邻座一对情侣，女孩长裙，男孩短裤。
他们在拌嘴。
"你就不晓得跟他们说清楚吗？……"
女孩怒视着男孩。男孩轻声地回答。
我仔细听，没有听明白，
他？还是她？有故事！我想。
"你平时不是那么会说的吗？……"
女孩声音愈来愈高。
她抿着嘴，将手中的杯子往桌上重重一搁，咖啡溅了出来——像开花一样溅了出来。
男孩低低地说了一句，我没听出来说的什么。
"你不晓得转个弯哟！……"
她的脸愈来愈红，愈来愈青，她敲着桌子。
她的手指甲很漂亮。她用漂亮的手指甲敲着桌子，发出刺耳的声音。
男孩将头埋下，双手抓着头，不知道说没说什么。
"你一个瓜婆娘！猪头！……"
女孩起身了，她的长裙拖在地上，她狠狠地推开椅子，绕过茶几，走了。

她碰翻了咖啡杯，咖啡像泪一样从玻璃茶几上流下，滴落在地毯上，像诀别的诗。

　　男孩抓起女孩遗落在座位上的包包追了出去。

　　星巴克咖啡屋依旧飘着轻音乐和咖啡的清香，灯光柔和，依旧很适合静思与恋爱。

　　邻座的一个绿裙子女孩，低低地对着手机讲话。星巴克，靠窗，绿裙子。

　　星巴克，小憩驿站。

这是朋友章晓老师的一篇文章。

文字非常简约，每一句话都是一幅画。

这一段不到 500 字的描述，就是画家手法。我们在写作文的时候要多向画家学习。

写故事，要有冲突，通过人物的动作语言、细微的表情去表现冲突，用有画面感的文字去写冲突。

你写了一个故事，导演直接读着你的文章，知道怎么拍电影，你这个故事就写成功了。

大家可以找一篇曾经写过的文章，进行修改。

比如写吵架。你不能这样写：今天某某吵架了。这样写，没有画面感、没有故事感。你要把吵架双方的镜头呈现在读者眼前。

　　男孩某某某涨红着脸，像只好斗的公鸡，眼睛瞪得老大，上嘴唇和下嘴唇紧紧地抿着，嘴里嘟嘟囔囔地："你！你！你！"

我再给大家讲一个好故事。

侯家后一家卖石材的店铺，叫聚合成。店铺大门口放一把死沉死沉的青石大锁，锁把也是石头的，锁上刻了一行字：

"凡举起此锁者赏银百两。"

可是打石锁撂在这儿，没人举起过，甚至没人能叫它稍稍动一动，您说它有多重？

张大力来到侯家后，手握锁把腰一挺劲，大石锁被他轻而易举地举到空中，他的胳膊笔直不弯，脸上笑容满面。

张大力道："老板，您的石锁上写着嘛，谁举起它就赏银百两，您就快把钱拿过来，我还忙着呢！"

谁料聚合成的老板对张大力不紧不慢地说道："张老师，您只瞧见石锁上边儿的字，那石锁底下还有一行字，您瞧见了吗？"

张大力于是又一把将石锁高高举到头顶，可抬眼一看，石锁下边还真有一行字，竟然写着：

"唯张大力举起来，不算。"

——改写自《俗世奇人》

这个结尾妙。妙在何处？把包袱藏在后边。这种抖包袱的写法，可以活学活用。

比如，最近一段时间，班上的学生鬼鬼祟祟，不知道在搞些什么。可以一点一点、一点一点地把学生们的某些鬼鬼祟祟的过程写出来，引发读者思考：学生们在酝酿着什么大事件呢？到最后才把谜题解开——原来他们是暗地里在策划给老师过生日。这叫抖包袱。

写好故事的第三个公式是：好故事 = 事故 + 包袱。

好的故事，要善于把最精彩的内容藏起来，包袱往后置，才会吸引读者往下看。

好故事还有什么特征？我们来看一首诗——

瀑布的水逆流而上，
蒲公英的种子从远方飘回，
聚成伞的模样，
太阳从西边升起，落向东方，
子弹退回枪膛，
运动员回到起跑线上，
我交回录取通知书，
忘了十年寒窗，
厨房里飘来饭菜的香，
你把我的卷子签好名字，
关掉电视，帮我把书包背上，
你还在我身旁。

这是某次大学生创意写作比赛的参赛作品。一位大学生，妈妈过世了，他想念妈妈，写了一首想象时光倒流的诗，获得特等奖，感动无数人。你看，他这种时光倒流的写法就非常有创意，这是逆序写作。

逆序写作，还有一个很经典的故事，叫《县太爷断案》。大意是：

有一天，县太爷接到一份状子，妻子告丈夫的状。告什么状？丈夫打了妻子。丈夫为什么要打妻子呢？因为妻子很生气，把鸡蛋给扔掉了。妻子为什么要扔鸡蛋？因为丈夫说他发了财之后要娶妾，妻子当然生气。

丈夫用什么来娶妾？

他说一个鸡蛋可以兴家族。鸡蛋孵出小鸡，小鸡长成母鸡，母鸡又生了很多鸡蛋。于是鸡越来越多，蛋越来越多，于是他就有钱了，他就可以娶妾，他就可以娶很多老婆。这就是鸡蛋兴家族。

这个故事完全是用逆序写作的。

如果是顺向写作，怎么写？丈夫提出一枚鸡蛋兴家族，说发财后要娶妾。妻子很生气摔鸡蛋。丈夫打伤妻子。妻子告状。县官问案。如果这样写，这个故事就不好玩了。

现在这样反着来写，你会发现这个故事有意思多了，把真正的原因写在了最后。很多新闻都是这样写的。

我前边讲到的发生在昆明某少年宫的断电事件，也可以采用逆序写作：为什么孩子们的作文总是从"今天我到昆明上课，青少年宫断电了"开始写？可否转换一下思维，从"闪烁的银河"开始、从"在星光下写作"开始、从"闪闪发光的作文"开始写：任何一个开头都是非常好的。

事情发生的时间不等于故事的时间。故事时间，允许时光倒流。

写好故事的第四个公式是：好故事 = 优化叙述时间。

当我们认真研究他人的非虚构写作，我们就能够从他人的故事里学到写文章的秘诀。

【结束语】

亲爱的老师，我们要努力把生命演绎成故事。

让·保罗·萨特说："人永远是故事的讲述者，他的生活被包围在自己与他人的故事中。通过那些故事，看待周围发生的一切，而他自己过日子，就像在讲故事。"

我现在正在跟大家讲故事，我也正演绎着自己的故事。把生命跟故事合二为一，可以让自己的生命更加精彩。

威廉·华兹华斯在《颂诗，忆童年而悟不朽》中这样写：

纵使找不回曾经

绿草如茵，繁花似锦的时光；

我们也不必悲伤

要从回忆中挖掘留存的力量，

力量就在原始的悲悯里

我们拥有，也将永远拥有。

有了故事，我们的记忆就会绵延不断，人生就会更加有意思。让我们用文字，创造属于自己的闪闪发光的故事。

第八讲

刀锋行走：教育随笔写作的甘与苦

这一讲，主要讲三个方面：我的教育随笔写作史；卓越随笔的 DNA；怎样写好一篇教育随笔。

一首教育诗：我的教育随笔写作史

我的教育随笔写作史，是一首教育诗，可以分为四个阶段。

第一阶段 误打误撞，"人教论坛"试身手

教书 15 年后，我才从真正意义上开始写教育随笔。过去，我是为了评职称而写论文；从 2004 年开始，我为自己而写作。

2004 年，我误入"人教论坛"，发布了自己的课堂实录《詹天佑》，引发了大家的关注。于是，我在"人教论坛"开了一个园地："平凡每一天——温岭祖庆教学耕耘录"。我一篇一篇地更新，跟现在在微信公众号上一篇一篇更新、打了鸡血的状态一模一样。当时，"人教论坛"的网友形容我是"一匹不按套路出牌的黑马"。我那时候年轻，不懂规矩，想写啥就写啥。真的，那时，我写作毫无系统，零敲碎打，想到什么写什么，课堂实录、教学札记、点滴思考……论文，也会搬上去。

后来，有人把我的《詹天佑》课堂实录，转到了"教育在线"，引发了一场轩然大波——有人在狠批我的这堂课。我也因此结识了干国祥、魏智渊两位老师，认识了很多网络大咖。所以这一阶段叫作"误打误撞，'人教论坛'试身手"。

2007年到2012年，"人教论坛"逐渐没人关注了，我也写起了属于自己的博客，叫"自在乾坤"。

第二阶段 自娱自乐，"自在乾坤"写春秋

我在新浪博客"自在乾坤"，继续写着小散文，写着教育随笔、思想随笔。博客，像一个后花园，自娱自乐，自言自语，挺好。

这一阶段，我称之为"自娱自乐，'自在乾坤'写春秋"。

第三阶段 剑指沉疴，嬉笑怒骂皆文章

2012年后，我的随笔写作进入第三阶段。这个时候，我胆儿有点肥起来了，敢于去批一些看不惯的现象，敢于去说一些真话。

某年，全国小语会重庆赛课后，我写了《借我一双慧眼，看清这纷纷扰扰》。当时，浙江的王春燕老师上了一堂"猴王出世"，明明课堂很精彩，这堂课却因为老师没有按略读课文的套路上课，无缘特等奖。我冲冠一怒，写了一篇文章，剑指大赛组委会，这篇文章广为流传。

再后来，我又继续向全国大赛发起自己的"挑战"。一次在桂林听课之后，我很有感触，回来后"诗兴"大发，写了一首打油诗。

大赛落幕，曲终人散。座次排定，奖杯已颁。几家欢乐，几家慨叹。欢呼雀跃，庆功设宴；落落寡欢，神情黯然。最是忙碌，各路星探。造星运动，立即开展。忙忙碌碌，闯北走南。小语园地，一片欣然。涛声依旧，岁岁年年。

遥想当年，联大风采。并无观摩，亦不比赛。大师云集，星汉璀璨。研究之风，让人感佩。小语沉疴，蹒跚百年。热衷比赛，病情未改。大

赛可休,呜呼哀哉。研究学生,课程创建。还我清静,芬芳田野。语文出路,在我民间。

这首打油诗,现在来看也是随笔,写的是"以输赢论英雄"的赛课"盛景"。赛课得特等奖,仿佛将军凯旋;得一等奖,仿佛铩羽而归。获了特等奖的人,一些办活动的机构便追着他们而去,纷纷发邀请函请他们上课。

这首打油诗,从诗的角度来说,我写的毫无艺术性。但是不少朋友觉得写得好,道出了藏在心中很久、想说而不敢说的话。一届又一届的语文大赛,解决了什么实质性的问题吗?没有!因为这是把排练了几十遍甚至上百遍的课,当作样本来研究。研究出来的东西完全不适合常态的课堂。这是在用"天花板"级别的公开课,指导"地板"上的家常课,不出问题才怪。发力点错了,只能南辕北辙,收获寥寥。但是多年以来,人们热衷于一届又一届的比赛。为什么?这值得我们深思。

后来,我继续借题发挥,写了一篇《有一种忙叫公开课忙》。公开课对于年轻老师而言,是有价值的,但真正的价值极为有限。年轻老师不如老老实实,"扎根田野",还原常态课堂。所以我提出,一线教师不要把太多的时间花在公开课上,要把更多的时间花在研究常态课程和课堂上。

再后来,我继续升级,火力开足,写了一篇《中国式赛课,可以休矣!》。赛课到底赛出了什么?文章在批评之后,也做出了建设性的思考,对教研员这个角色定位做了一些新的界定:教研员应该是教学经验的推广者,是笔耕不辍的写作者,是田野课堂的研究者。

这几篇随笔,都是一脉相承的。

2013 年 8 月 24 日 12:54,一篇点击率千万级别的文章诞生了——《没有九条命,别来当老师》。这篇文章后来被换了一个题目,以《老师的三个月假期是用九个月透支换来的》发布,传播更广。

2017 年,我还写过一篇《体制内教师的新梦想》,以下为提纲——

我梦想，班主任老师不用再累得像条狗，而是做个正常的人。

我梦想，各类培训能够真正有用、管用，不再打着福利的名义，侵占老师的休息时间。

我梦想，寒暑假不再轻易被剥夺，双休日不再轻易被挪用。

我梦想，我们的教育科研，不要那么急功近利。

我梦想，所有的研究都不是种水稻——春天播种，夏天收获；而是种银杏树，爷爷栽树，孙子摘果。

我梦想，更多的改革者，能有"板凳甘坐十年冷"的耐心和沉静，不再把构想当成果，把宣传当业绩，把偶然的小创新吹成必然的大辉煌。

这篇文章入选《2017年中国教育发展》蓝皮书。当年有重要影响力的文章才会被收录到蓝皮书。21世纪教育研究院关注到了这篇文章，认为这篇文章为底层老师呐喊，有一定价值。

这是我写教育随笔的第三个阶段，是曰"剑指沉疴，嬉笑怒骂皆文章"。

第四阶段　刀锋行走，语不惊人死不休

2019年之后，我常有惊人之语，试图凭借自己的奔走呼号，改变一些不合理的教育现状。

这个阶段，我写下了不少阅读量惊人的文章。《亲友们，今年春节我们取消聚会吧》阅读量680多万；《学生天天在过节，哪有时间去读书？》阅读量20多万；《假如没有寒暑假，谁还愿意当老师？》阅读量30多万；《老师为何为难老师？》阅读量10多万。

这样的写作，有什么作用？基本没有用。

但是，如果都不写，如果都沉默，将会更糟糕。如果所有的人都像鸵鸟一样把头埋起来，事不关己，高高挂起，这个世界真的会万马齐喑。

所以，我要写。

至少有一些人在呐喊，这就是一缕微小的希望；哪怕有一点点亮光，我们也要努力让它亮得更多。

这样的写作，真的是一种心甘情愿的冒险。

每当困顿迷茫，每当有人误解，我总提醒自己："生命无非是两个无边黑暗之间稍纵即逝的一线光明。"（纳博科夫《说吧，记忆》）

生命，是星际一尘埃，天地一粒沙，沧海一颗粟，亘古一瞬间。生命何其短，我们要努力让它发光。所以，文章有用与否，交付读者与岁月。我写作，我努力，我无悔。

"不媚上，不媚俗，写真话"，这就是我这么多年教育随笔写作的信条。

最后，我把四个阶段的成长，归整成一首打油诗——

自题小像·我的教育写作史

万壑松[1]

人教论坛试身手，

自在乾坤写春秋。

嬉笑怒骂皆文章，

语不惊人死不休。

他山之石：卓越随笔的DNA

要想写好随笔，我们必须阅读大量优秀的随笔。什么样的随笔是优秀的呢？

先从文体特征开始说起。

经常有人问，随笔是不是散文？

---

[1] 万壑松，我在"教育在线"论坛的网名。

随笔是散文的一种。散文分为两类：一类是以叙事、写人、写景、抒情为主的散文；一类是以表达思想、观点为主的散文，这一类散文就是随笔。

随笔跟教育叙事有什么不一样？

教育叙事，以记录事件为主，把教育教学过程中的某个完整事件，详细地记录下来。有场景、有细节、有对话、有色彩，甚至有气味。事件还原度高，一般不需要太多议论和生发。即使有，也点到为止。叙事，把故事写好，把思考藏在文字里面。

教育随笔，以阐述想法为主。可能会讲到几个相关的事件，但不需要过于详细地记述，把事情讲清楚即可。教育随笔主要是表明自己的观点。随笔里有叙事，但它一定是概括的、精要的叙事。

随笔跟杂文有什么不一样？

杂文是锋利的匕首，见血封喉；随笔是谦谦君子，温文尔雅。杂文是鲁迅"横眉冷对千夫指"，随笔是"我的朋友胡适之"；杂文是高度白酒，随笔是绍兴女儿红。它们，有着不同的使命和担当。

我写的一些批判性的文章，到底是随笔还是杂文？我以为是介于杂文和随笔之间，边界模糊。难得糊涂吧。我更愿意把我的文字界定为随笔和杂文的"插花地"——有时候是随笔，有时候是杂文。

优质的随笔，到底有什么样的基因呢？

概括起来说，就是四个度：深度、密度、锐度、温度。

1. 思考的深度

随笔之美，美在思想。一篇随笔，如果没有了思想，就失去了灵魂。要想把随笔写好，你必须成为一个有思想的写作者。下面提到的这些随笔，都很有思考深度。

《塞涅卡道德书简——致鲁基里乌斯书信集》，用书信的方式来表达对生命的看法。书里讨论了许多问题：论节约、论时间、论阅读、论友谊、论对死亡的恐惧、论大众、论哲学家、论隐居、论一个人的独立生活、论谦逊、论年迈、论归隐、论哲学、论财富、论退休、论言行一致……全书有 124 论，思想深刻，文字隽永。

卢梭的《一个孤独的散步者的梦》，用一个孤独散步者的梦，来反思自己的人生，阐释自己的哲思。

《沉思录》，古代罗马皇帝马可·奥勒留传下来的一部个人哲学思考录，主要思考人生伦理问题，兼及自然哲学，是奥勒留所作的一本写给自己的思想散文集。非常好读，耐人寻味。我个人最喜欢梁实秋翻译的版本。

《瓦尔登湖》，有人说，这是世界上最难读的一本随笔，但是它的思想非常棒。《沙乡年鉴》是美国作家奥尔多·利奥波德的自然随笔和哲学论文集，文字非常优美。这两本书被合称是"自然随笔双璧"。

2. 信息的密度

随笔写作既要密不透风，又要疏可走马。随笔要有一定的信息量，不要一直在自己的语境中絮絮叨叨。有时候，你以为的重大发现，可能是别人的耳熟能详。

所以，随笔是思想的呈现，一定要有思想密度。

钱锺书先生的《谈艺录》和《管锥编》，我常当作随笔来读。他的文章，信息量非常大。钱老读书范围极广，曾经有这样一则轶事：在意大利访学期间，钱锺书能把一个三流作家刚刚出的书，都讲得头头是道，他的博学，让人吃惊。

《蒙田随笔》，借很多历史故事，谈论很多话题。蒙田曾经当过市长，很早就退休了。退休之后，他大量阅读，一篇一篇输出。他的随笔，有时候会絮絮叨叨，篇幅很长。总体来说，蒙田的随笔很不错。虽结构松散，但见识广博，金句颇多。

北京大学的金克木，有人说他学问不输季羡林。他在《书读完了》里提出读书要读"根本之书""书中之书"的概念。意思是读书要读经典的"书中之书""源头之书"，这些书读了，其他好多书都不用读了。

著名语文教育家王尚文先生的女婿颜炼军，写过一本《世上谩相识》。这本文艺评论集里，涉及很多经典的书，信息密度非常大。

王开岭的《精神明亮的人》和《古典之殇》，我也非常喜欢。王开岭的文字质地、信息密度、诗意哲思，都让人深深沉醉。

关于阅读，毛姆有一个非常经典的比喻："阅读，是一座随身携带的避难所。"毛姆的读书随笔，也是很有信息和思想密度的。

3. 观点的锐度

随笔写作，观点一定要有锐度，要努力写出跟别人不一样的东西。哪怕同样的主题，也要写出自己的独特思考。

《禅与摩托车维修艺术》，全球狂销1000多万册。一对父子，骑着一辆摩托车，跨越几大洲。在修摩托车的过程当中，对生存，对灵性，有了深度的思考。这本书有许多文字，值得细细品读，让人回味无穷。

> 在山顶没有摩托车，也很少有禅。禅是山的精神，而不是山顶。你在山顶发现的禅，就是你把它带上去的。所以，我们离开这里吧。
>
> 焦虑是另外一个陷阱。它是自我的反面。如果你确知做什么事都做不对，那么你就会很害怕。就是这个因素往往让你迟迟不敢动手，而不是懒惰。这种过度担心的情况往往造成各种错误，于是你会去修理不需要修理的东西，去担忧假想中的困扰，然后产生各种荒谬的结论。

这样的观点，很有锐度。

随笔写作，要努力写出让人怦然心动的句子来。一篇文章，观点有锐气，句子有锐气，有辨识度，读者就爱读。

> 在读书以前，希望每一本书都是一个意外；然而在读书之后，才知道每一本书都值得怀疑。
>
> ——朱苏进《面对无限的寂静》

同样是讲阅读，这个句子也让人怦然深思。

叔本华在《孤独读书术》这本书中写道：

> 我们可以用象征的方式把作家分为三种，第一种像流星，第二种像行星，第三种像恒星。
>
> 第一种产生短暂的效果，我们注视着它们，大声地喊："看呀！"然后它们永远消失无踪。
>
> 第二种像行星，维持的时间较久。它们与我们比较接近，所以往往比恒星更为明亮，无知的人便误把它们当作恒星。
>
> 第三种是唯一永恒不变的，它们固定于苍穹之上，发出自己的光芒，各个时代都受它们的影响。

这样的句子，很有锐度。

我们要阅读更多"恒星"的作品，多读有定评的经典作家。这些作家的作品，往往就像意大利作家伊塔洛·卡尔维诺说的："经典作品是这样一些书，我们越是道听途说，以为我们懂了，当我们实际读它们，我们就越是觉得它们独特、意想不到和新颖。"

这种"独特、意想不到和新颖"，就是"锐度"。

4. 表达的温度

随笔的第四个特质，表达要有温度。如围炉夜话，娓娓道来，暖人心扉。

随笔，不是剑拔弩张的，也不是气焰嚣张的，而是温文尔雅的、风度翩翩的。随笔，如一家人围炉煮酒，随意闲聊，信马由缰；随笔，是隔壁三叔公在跟小辈摆龙门阵，用风轻云淡，讲念念不忘。

作家 E.B. 怀特以童书《夏洛的网》《吹小号的天鹅》《精灵鼠小弟》闻名。其实，写童书只是他的副业，他的主业是写随笔。他的随笔水平很高。《纽约客》前总编辑威廉·肖思是这样评价他的："E.B. 怀特是一位伟大的随笔家，一位超绝的文体家,他的文学风格之纯净,在我们的语言之中较之任何人都不遑多让。他是独特的、口语化的、清晰的、自然的、完全美国式的、极美的,他的人生长生不老,他的文字超越时空。"

我最近又重读了他的随笔,写得太好了。特别推荐《鹅》这篇,比丰子恺的《白鹅》还要好玩,每一次我都会读得哈哈大笑。

说到丰子恺,他是李叔同的高足,他精通画画、音乐。他的散文写得炉火纯青。一本薄薄的《缘缘堂随笔》让人掩卷漫思,受益良多。《渐》这篇文章,尤其值得品味沉思。丰子恺先生的文章,特别适合四年级到初中的孩子阅读。

我们常说,阅读优质随笔,是写好随笔的关键。在一段时间内,如果你感觉自己好像写不出什么东西了,应该是阅读积淀不够。

写不出,去读书,就对了。

苦心经营:写好一篇教育随笔

接下来,要讲一讲方法了。

1. 怎样构思一篇教育随笔

丰子恺在《随笔漫画》这篇文章中,曾经就怎样写好随笔写过一段话:

就写稿而言,我根据过去四十年的经验,深知创作——包括随笔——都很伤脑筋,比翻译伤脑筋得多。倘使用操舟来比方写稿,则创作好比把舵,翻译好比划桨。把舵必须掌握方向,瞻前顾后,识近察远;必须熟悉路径,什么地方该右转弯,什么地方该左转弯,什么时候应该急进,什么时候应该缓行,必须谨防触礁,必须避免冲突。

……须得先有一个"烟士比里纯"(灵感),然后考虑适于表达这"烟士比里纯"的材料,然后经营这些材料的布置,计划这篇文章的段落和起讫。

……准备完成之后,方才可以动笔。动笔的时候提心吊胆,思前想后,脑筋里仿佛有一根线盘旋着。直到脱稿之后，直到推敲完毕之后，这根线方才从脑筋中取出。

这段话非常好地揭示了随笔写作的过程。

我曾经写过《孔雀开屏·鸬鹚捕鱼·牧童放羊——关于公开课的三个隐喻》，发表在《福建教育》。下面，我以它为例，展开谈一谈怎样写好一篇教育随笔。

总的来说，好的随笔一定是惨淡经营、妙手偶得的，不是一拍脑袋就写出来了。写好教育随笔有这样几个过程：

产生一个念头—理清一条主线—收集一些资料—搭好一个框架—改好每个句子—起好一个题目。

（1）产生一个念头

灵感一：孔雀开屏。

有一天我听了一堂课，这堂课上得很美，老师穿着打扮美、声音美、朗读美、课件美，怎一个美字了得。我突然在想：我这是在看公开课吗？好像在看孔雀开屏！于是我就在我的备忘录里边记下了四个字——"孔雀开屏"。

灵感二：鸬鹚捕鱼。

有一天，我忽然觉得，课堂上老师为什么有那么多问题啊？这些问题是学生的真问题吗？我们的课堂，经常是老师抛出一个问题，学生顺着老师抛出来的问题去找答案。老师抛出一个问题，就像是竹篙一挥，把鸬鹚赶下水。学生找答案就是鸬鹚在水里找鱼，最后找到鱼，交给老师了，而不是自己吃下去了。渔人赶鸬鹚下水，鸬鹚找到鱼还给渔人，你们觉得跟很多老师上课像不像？太像了。

灵感三：牧童放羊。

牧童放羊时，并没有做多少事情，只把羊带到水草丰美的地方，让羊自己去吃。牧童只要把草地维护好，把羊带到草地里就行。这像不像我们的教学？实际上，我们的课堂就是要把孩子放到相应的语言环境当中去，让他自己去寻找阅读材料，让他自己去发现需要的营养。

（2）理清一条主线

有了这样的灵感，我再来理出一条主线：老师的教学是为学生学习服务的。老师负责提供资源，在学生学习有困难的时候给予点拨，而不是帮学生解读文本，把文本"嚼烂"了喂给学生。因此，这篇文章，我先写"孔雀开屏""鸬鹚捕鱼"，再写"牧童放羊"，最后写为什么要这样做。这就构思好了。

（3）收集一些资料

构思好了之后，我再去找相关的资料。我找到了马丁·布伯的著作《我与你》中的哲学理论，找到了张文质先生的"教师在后，学生在前"的理论，找到了李玉贵老师的"固态课堂、气态课堂、液态课堂"的一番论述。于是我的文章骨架就有了。

（4）搭好一个框架

这篇随笔的行文思路，首先由李玉贵老师的《固态课堂教学分析》入手，再提出"孔雀开屏"和"鸬鹚捕鱼"的隐喻，分析公开课存在的问题和产生的弊端，然后做出"牧童放羊"的构想，最后回归到液态课堂。

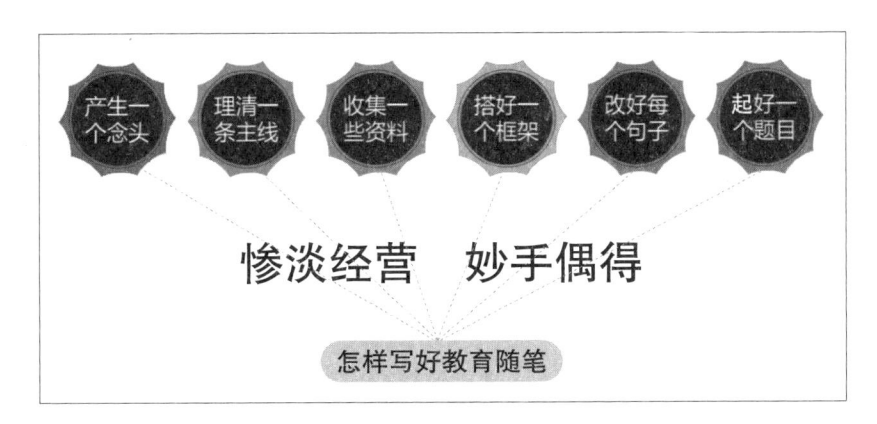

产生一个念头　理清一条主线　收集一些资料　搭好一个框架　改好每个句子　起好一个题目

惨淡经营　妙手偶得

怎样写好教育随笔

（5）改好每个句子

在这个基础上，我开始撰写文章。写好之后，每一段文字我都精读细改。

（6）起好一个题目

最后，我再将三个灵感，串联起来，题目就有了。

这篇文章的写作，我从现象分析入手诊断问题与后果，然后提出了解决问题的方法。

现象—后果—假想，这就是一种教育随笔的写作结构。这样的文章有批评，有思考，还有对策，对读者就有启发与借鉴价值。

你看，随笔的写作，貌似信马由缰，实则苦心经营。

还有一种随笔架构思路是现象—原因—经验—优化：描述一类现象，剖析背后原因，借鉴他人经验，优化对策出路。

我曾经写过一篇文章——《学生天天在过节，哪有时间去读书？》。文章第一部分，我描述了学生忙着过节的现象；第二部分，我剖析了导致这种现象的原因。那么怎么办呢？他山之石可以攻玉，借鉴苏霍姆林斯基在巴甫雷什中学的各种节日理念，优化新的节日课程文化，提出畅想。

随笔写作，可以借鉴这种行文思路。在教育教学当中找到一个司空见惯的现象，试着分析导致这个现象的原因，再去看看他人的经验，是不是已经比较好地解决了这个问题，最后在他人的基础上优化——自己还可以往前走一步吗？试着更好地解决，由批评到建议，从破到立。这样的随笔，更有价值。

我的很多随笔，都是按这样的思路架构的。比方说《集体备课打开的正确方式》《常态教研：萝卜+萝卜+萝卜=萝卜》等。

2. 如何写好随笔？剑气合一

如何写好随笔？四个字：剑气合一。

剑是技，气是道。写随笔，是技术，更是艺术。内功和技术，合二为一，才能真正把一篇随笔写好。

总体来说，我们要做到：精于阅读，勤于观察，善于思考，敢于表达。

（1）精于阅读

大量阅读，点亮心灯。内心丰富了，精神宇宙敞亮了，写出来的文字才会有质感。老师写随笔，一定要多读跟教育无关的书。

经常有年轻教师问我，祖庆老师，请给我推荐一些读了以后能够马上提升写作能力的书。我想说，这样的书还真不多。要多阅读跟教育无关的书。闲书不闲，无用有用。

表面上看，很多书跟教育教学没有直接关系；实际上，它们也许点破了教育的规律。从实用性来看，写随笔不如多写一些论文；但实际上，随笔写作开发了我们的内心小宇宙，增强了我们的职业认同感，自我驱动，促进成长。写随笔，可以唤醒自己的教育理念。

我们可以读一些哲学作品，读一些历史作品，读一些文论作品，读一些美学作品，读一些思想小品，看大量优质电影。

跟教育相关的书，当然要读，但不必多读。当你读了大量非教育类的经典之书后，也许你会觉得很多书可以不用读了。

（2）勤于观察

用心观察社会，观察教育，关注热点，利用边边角角的时间做一些记录。

（3）善于思考

多问，善思：你看到的是什么？造成的原因是什么？我们怎么办？

比方说，为什么我们班级的学生总是静不下来，总是很浮躁？原因到底是什么？我有哪些办法？多问善思。

比方说，一年级让一部分小朋友先入队，还有一部分小朋友后入队。这样做到底好不好？要去追问。

对于上面这个问题，在我看来这样做是不好的，学生被人为地划分等级，会产生一种耻辱感，觉得自己不如别的同学。而有些家长为了让自己的孩子第一批入队，想尽一切办法。此外，第一批没有入队的孩子，会被贴上坏孩子的标签，他们的心理阴影可能会很大。

就这个问题，你可以写一篇随笔《一年级让孩子分批入队，到底好不好？》。

我们可以找一些孩子聊一聊，记录他们的真实想法；可以去问一些家长，收集一些素材；可以去问一些班主任，了解他们的真实想法，然后提出我们自己的想法。多问善思，就有可能写出一篇好文章。

（4）敢于表达

敢于表达，最重要的是"敢"，是写作的勇气。要敢于向邪恶与愚蠢说不，要敢于向形式主义宣战，要敢于挑战陈规陋习，要敢于剑指愚昧陈腐。

在勇敢的同时，我们还要追求把文章写好。创作一篇随笔，不仅要关注其思想深度、信息密度、观点锐度、表达温度，还要关注是否逻辑清晰、观点新锐、隽永耐读。

逻辑要清晰，观点要扎实。文章的观点，应该是一层一层逻辑推导出来的，而不是仅凭经验说话。

3. 写作素材哪里来？

在一线教室里，我们怎样寻找教育随笔的写作素材呢？其实，教育生活中的小事情，也可以成为写作素材。

第一，向下寻找，向小寻找。关注日常生活当中的一些小事情，从小事里找。李欣老师曾经写过一篇文章，叫《教育中的1%的失误，常常抵消99%的努力》。这篇文章写老师处理学生的一些小细节，比如老师不分青红皂白地冤枉了学生，学生就怨恨老师了，老师所做的99%的努力都白费了。这样的现象有很多。李欣老师就写了这样一篇文章，标题耐人寻味，文章也很耐读。

第二，从司空见惯里寻找不惯。司空见惯一定是对的吗？比方说午睡的时候，总有一些孩子是睡不着的。"想睡觉的老师没得睡，不想睡的孩子老师逼着睡。"这句话是不是很经典？能不能找到更好的方法，让不睡觉的孩子有事可做，让想睡觉的老师有觉可睡？我们可以写一篇文章。

第三，从常识里寻找反常识。常识一定是对的吗？去寻找一些常识也会有错的地方。找到了，写出来，也许是一篇好文章。

如果还不知道写什么,怎么办?

我们可以去看电影,写一篇观影随笔,可以由电影当中的内容产生对教育的思考。有好多经典的教育电影:《肖申克的救赎》《放牛班的春天》《垫底辣妹》《叫我第一名》《三傻大闹宝莱坞》《美丽的大脚》《我的父亲母亲》《地球上的星星》《热血教师》《摔跤吧!爸爸》《小孩不笨》《死亡诗社》等,都很经典,我们都可以看。

如果还找不到素材,怎么办?

把一本书翻烂,写一篇阅读随笔。

【结束语】

随笔不随,当用心经营。貌似信手拈来,实则殚精竭虑。关注思考的深度、信息的密度、观点的锐度,表达的温度,让随笔展现独特的文体魅力。

第九讲

为何万人共一脸——如何写出人物个性

这一讲,主要聚焦写人,谈谈如何写出人物的个性。

教室来了"10 胞胎"

一次,我在贵阳上习作讲评课,看到上课班级的写人习作存在千篇一律的描述。上课前,我演绎了这样一个教学场景:

师:咱们班级里有"10 胞胎"。

生:老师,班级里连双胞胎都没有,何来"10 胞胎"?

师:不信,请咱们这"10 胞胎"上台。

出示课件:

他弯弯的眉毛下,有一双水汪汪的大眼睛。高高的鼻梁下,有一张樱桃小嘴。

她有一双水汪汪的大眼睛。高高的鼻梁下,一张樱桃小嘴,能说会道,惹人喜爱。

她那水汪汪的大眼睛,忽闪忽闪的。鼻梁高高的,一张樱桃小嘴,嘴唇薄薄的，让人一见欢喜。

同学们读了，面面相觑。

师：在10个同学的习作里，有的写了5个部位，有的写了3个部位。几乎每个同学，都写眼、口、鼻这三大件。其实，这个同学，鼻子塌塌的；那个同学，眼睛小小的；还有同学，嘴唇厚厚的，根本不是樱桃小嘴。可是有的同学，在写的时候，睁眼说瞎话。除非有一个共同的原因——咱们班级同学的祖先，曾经住在一个地方，叫作"水汪汪县小樱桃镇高鼻梁村"，所以都写成这样。

全班同学哈哈大笑。

写外貌，如果千人一面、千篇一律，读来了无生趣。
写外貌，有的描写好像写出了人物特点，其实没有。比如：

表妹和我差两岁。她胖胖的，一双乌黑的大眼睛，樱桃般的小红嘴，瓜子脸总是红通通的，头发经常乱乱的。那小嘴儿特别甜。

奶奶今年58岁。虽然年纪还不大，但皱纹早已爬满了整张脸。她的头发也有些花白，一双眼睛里布满了血丝。她总是穿着一身朴素但十分干净的衣服。

他长着一张圆圆胖胖的苹果脸，脸上一双不大又不小的眼睛，眼睛下面是扁扁的鼻子，鼻子下面是一张小小的嘴。

这样的外貌描写，根本没有写出特点。我曾经在一堂作文赏评课上，写了一首打油诗，吐槽这样的写法：

为何万人共一脸

樱桃嘴儿瓜子脸，

花白头发皱纹脸。
圆圆胖胖苹果脸，
眼鼻嘴巴完整脸。
天下何人没有脸？
为何万人共一脸？！

这就是写人物外貌存在的最大问题：万人共一脸。

其实，不仅外貌描写，在选择事例上，也常常出现"万人共一脸"的情况。

比如写妈妈，很多人经常这样写：雨天，妈妈为我送雨伞；晚上，我发烧了，妈妈连夜送我上医院，这就叫"万人共一脸"。一万个人写出来的妈妈，竟是同一个妈妈。有些同学，还编出这样的故事，让人哭笑不得：

事例1：妈妈把热水浇在爸爸刚买来的花上，结果花死了。

事例2：妈妈用斧头砍龙眼树，结果龙眼树枯死了。

在描写人物时，因缺乏观察与了解，经常有人编造出令人啼笑皆非的各种"文体"：

写书迷（犯傻体）

专心看书不玩闹，乘坐公交过站了。
吃饭菜送鼻孔里，整个一个大傻帽。

写清洁工（歌功颂德，简称歌德体）

睡得晚，起得早，重活脏活一肩挑。
我为环保做贡献，美化城市少不了。

写老师("最佳"演员体)

有一次,因为我的东西掉在了学校,在回去拿的时候,发现老师办公室里的电灯还亮着。我从门缝里,看见了老师还在为我们批改作文,老师的头上布满了青筋。老师您深夜未回家,我的泪水湿润了我的眼眶。

我曾经上过一节作文课"一个特点鲜明的人",根据课前收集的素材发现,孩子们选的对象,总是老奶奶、老爷爷。

老奶奶	老爷爷
老奶奶送我回家	老爷爷教育我要爱护环境
老奶奶鼓励我坚持钓鱼	老爷爷教我下棋不要半途而废
邻居奶奶让我去她家等妈妈	陌生老爷爷给我修车,只收一元
老奶奶告诉我卖糖饼不辛苦	四元钱的苹果,老爷爷只收三元
老奶奶顶着烈日在扫地	老爷爷教育我要勤俭节约
……	……

其实,这些题材基本上都是编出来的,作者并未抓住这个人真正鲜活的特点。

再如写小伙伴的作文,很多同学普遍用"矛盾—和好"的思路,出现一群"少年《将相和》"。

我和伙伴闹矛盾了	我和伙伴和好了
我和同桌画三八线,闹矛盾了	下雨天他帮我打伞,我们和好了。
有一次考试,他不借我笔,闹矛盾了	我不小心摔倒,他帮助我,我们和好了。
对某个问题意见不一致,闹矛盾了	同学给我作文纸,我们和好了。
吃饭时,他把我的饭盒推翻,闹矛盾了	后来知道我误会了同学,我们和好了。
他打球时不听同学指挥,闹矛盾了	我主动道歉,我们和好了。
他硬想加入足球队伍,闹矛盾了	下课时主动找他玩,我们和好了。
……	……

这些"万人共一脸"的文章,人物缺少特点,让人过目就忘。

以上就是写人文章最关键的三大问题:

外貌千篇一律，选材了无新意，形象扁平单一。

接下来，我将从如何选材，如何构思，如何把人物特点写鲜活、避免写人"扁平化"这三个方面，突破这三大难题。

写人文章的基本类型

1. 按认识深入程度分

人物"初"印象：一面之缘、数面之缘。

熟人"最"印象：熟悉之人，多面之缘。

2. 按事情特点分

一事一特点，如《俗世奇人》中，大部分"奇人"身上体现的，都是一事一特点。

多事一特点，如《我的伯父鲁迅先生》，为了体现"他为别人想得多，为自己想得少"这个特点，写了多件事：趣谈《水浒》，关爱下一代；燃放爆竹，有亲和力；笑谈"碰壁"，幽默、爱憎分明；救助车夫、关心阿三，同情底层劳动者。

多事多特点，如《少年闰土》，写雪地捕鸟、沙滩拾贝、看瓜刺猹、看跳鱼儿这四件事，体现闰土聪明能干、见识丰富、活泼可爱的性格特点。

3. 按"辈分"分

小一辈的，如曹秋英写的《从憨憨到敢敢》，写同学、侄儿、外甥等。

同一辈的，如赖建平写的《祖庆兄》《祖庆哥》，我写的《赖建平"这厮"》。

长一辈的，如我曾写过《导师于永正》《支玉恒先生》《厉而温：记忆中的贾志敏先生》。

4. 按人数分

写一个人，如《黄继光》《邱少云》《詹天佑》。

写几个人，如《故乡》，写了闰土、细脚伶仃的圆规杨二嫂；《狼牙山五壮士》，写狼牙山上的五位壮士。

写一群人，如《温岭师范三年》，我写了温岭师范的一群老师；《漫忆高龙中学》，我写了高龙中学的一群老师。

怎样写出人物的个性

人物"最印象"是一类非常重要的写作，就是你匆匆见过一个人，或者见过数面，对他留下非常深刻的印象，把对这种人物的"最印象"写出来，也是非常鲜活的。

1. 捕捉第一感觉，聚焦人物"最印象"

你对某个人留下的第一印象是什么，聚焦人物"最印象"，这样写出的印象往往独特而深刻。

比如2004年10月，王崧舟老师与我接触两三个月后，给我写了一篇文章。围绕着"豪爽"，写了他眼中的"豪士"。

> 曾子曰："士不可以不弘毅，任重而道远。"我有足够的理由，亦有足够的直觉相信，天赋祖庆以职业性情的豪放、事业追求的豪迈、生命愿景的豪壮、人格标识的豪爽。那么，作为当代小语界的豪士，语文教育的弘毅，必将是他义无反顾、自然而然的一种生命的担当、一种灵魂的安顿。
>
> ——王崧舟《士不可以不弘毅——印象祖庆》

2023年5月，长沙的余平辉老师第一次见到我，请我给班级刊物签名，这是她第一次近距离接触我。事后，她写了一篇文章，捕捉对我的初印象——"高大""认真""平易近人"。

祖庆老师进门的一刻，大家鼓起了掌。我站在角落，默默仰视着他，不禁在心里发出一声感慨：哇，好高大！

——余平辉老师《张祖庆老师的四次签名》

四川的廖从城老师写了我在一次演讲中，很震撼的一幕，体现"大气""执着""卓越"。

此时此刻，我是真的佩服祖庆老师了。

我佩服他从容大气，佩服他认真执着，佩服他决不退缩，佩服他眼前无人而心中有人！

——廖从城老师《"哪怕只有一个人，我也会把课讲好！"》

聚焦这些"最印象"，展开来写，把对方的本真、特质写出来。

2.描摹鲜活细节，凸显人物"最印象"

很多人在写文章时，生怕读者不懂，常用叙述的方法写，想要通过自己的形容，写出对人物的印象和看法。殊不知，一个人的特点，就在他的神态、动作等细节中。鲜活的描写，鲜明的细节，最能凸显人物的"最印象"。

在《士不可以不弘毅——印象祖庆》里，王崧舟老师抓住"南人北相""喝酒豪爽""'屈就'薄弱班"这三点，写对我的"最印象"。

印象中，第一眼见到祖庆时，正是一个日盈于天、骄阳似火的午后，他的魁梧、淡定，他的中气十足的谈吐，以及那一脸掩饰不住的郁勃的英气，让我自然想起了"南人北相"的鉴人断语。

别的不提，单就他的酒量之豪、酒风之爽，在我遇过的"青年酒俊"中，大概是无能出其右者了。

2004年8月他来杭时，我是将当时四年级中基础最薄弱的那个班托付给他的，他没二话。以他当时所拥有的实力和学术知名度，肯屈尊于杭城这样一所普通小学，屈就于语文教师这样一个普通岗位，在俗人们看来，实在是有些得不偿失的。

接下来，他举了两个事例：《亚马逊河探险记》一课，写我与学生一起，写吃力不讨好的范文；《詹天佑》一课，写我把"中部凿井法""两端凿井法""人字形线路"这个难中之重、重中之难的教学内容，只画了线路图，就演示过去了，犯了避重就轻，犯了众忌。

印象中，他将《詹天佑》一课的4，5，6三段文字，用一个课件、三次演示就给捎带过去了。这在许多把这三段文字处理成本课的难点之重、重点之难的老师们看来，无疑是一个犯了众忌、不能饶恕的低级错误。

没想到，祖庆给出的解释竟然是："有些课文，自己读了没感觉，学生读着也乏味，我们就可以抛弃。学习就像谈恋爱，小伙子（学生）对这个姑娘（文本）没感觉，你说谈什么？"

我当时确实这样解释的。王崧舟老师把这一句非常有意思的话，记下来，文章就鲜活了。

写一个人的印象，必须把对他最本真、最特质的印象写出来，把人物常常说的话——口头禅拎出来，就写出了人的"神韵"。

再说余平辉老师，她遇见我时，让我给他们班级的书题字。我想到了"童心如月、桃蹊芬芳"这八个字。因当时带的签字笔墨水不够，签了两遍后，我觉得不太满意。后来，我又签了两遍，一共签了四遍。为此，她深受感动，在文章结尾写道：那一天，我仰望着祖庆老师，发现，他真的很高大啊！

3. 书写内心感受，强化人物"最印象"

在叙事的过程中，适当表达自己的感受，强化人物的"最印象"。

王崧舟老师在《士不可以不弘毅——印象祖庆》中这样写道：

> 瞧！这就是祖庆。不在乎俗见，不计较俗利，那魁梧的教学主张，那淡定的课堂取向，还有那中气十足、英气郁勃的职业质感和生涯面貌，正是他生命本色的自然呈现，怎一个"豪"字了得！
>
> 在我看来，"豪气"绝非一般意义上的性格特征，在这个功利至上、沽名钓誉之风甚嚣尘上的年代，豪气更是一种志存高远、自强不息的精神标识，一种有所不为、却无所不为的人生智慧。

这一番话，是王崧舟先生对我的勉励。我一直也以他的勉励，作为我的奋斗方向。如果说父母给我起的名字（寄托的希望），是人生第一次激励；那么，一个贵人、高人写的文章，也许是第二次激励。王老师对我的激励非常重要。尽管我做得还不够，但我会一直朝这个方向努力的。

熟料、生料与猛料

如何把一个人的特点写好呢？

1. 罗列所有特点

从身边寻找真人，把这个人的职业、体形、穿着、年龄、生活环境、爱好、性格、绝活等，一一罗列出来，用连线的办法，聚焦印象，就能找到你想写的那个"他"。

把这个人的特点，用思维导图列出来，建议多列几条，对他就有了一个立体而全面的审视。

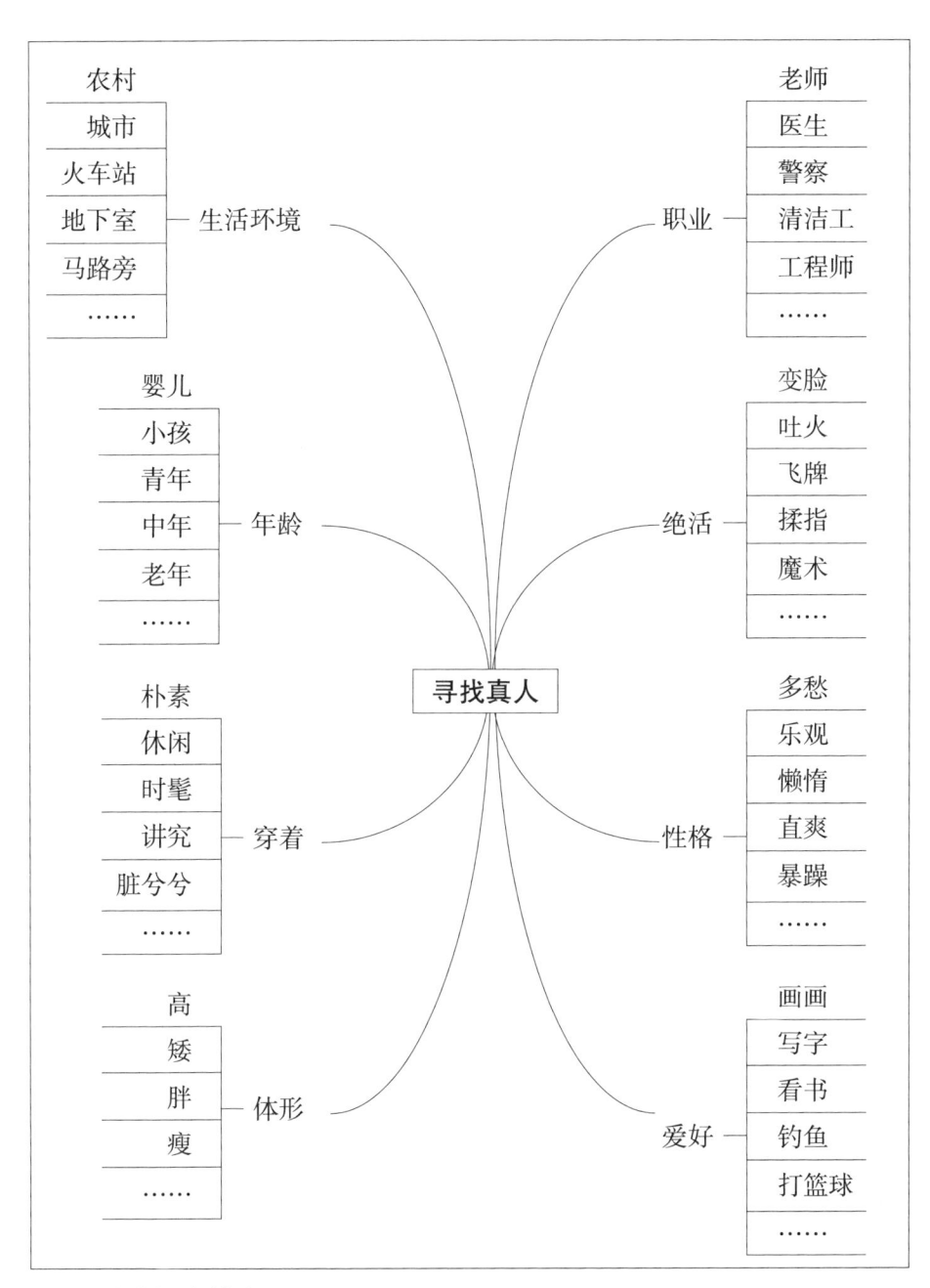

```
农村                          老师
  城市                          医生
  火车站                        警察
  地下室 ─ 生活环境        职业 ─ 清洁工
  马路旁                        工程师
  ……                           ……

婴儿                          变脸
  小孩                          吐火
  青年                          飞牌
  中年 ─ 年龄              绝活 ─ 揉指
  老年                          魔术
  ……                           ……

                  ┌─────────┐
                  │ 寻找真人 │
                  └─────────┘

朴素                          多愁
  休闲                          乐观
  时髦                          懒惰
  讲究 ─ 穿着              性格 ─ 直爽
  脏兮兮                        暴躁
  ……                           ……

高                            画画
  矮                            写字
  胖                            看书
  瘦 ─ 体形                爱好 ─ 钓鱼
  ……                            打篮球
                                ……
```

2.确定核心特点

从这个人众多的特点中，把上位的、更核心的特点拎出来，就能把人的灵魂刻画出来。

比如写张恩华同学，经过取舍后，把"很大方"这个特点去掉，围绕"智多星"这个最上位的特点，用三件事，写"爱看书""知识渊博""策划高手"这三个方面。

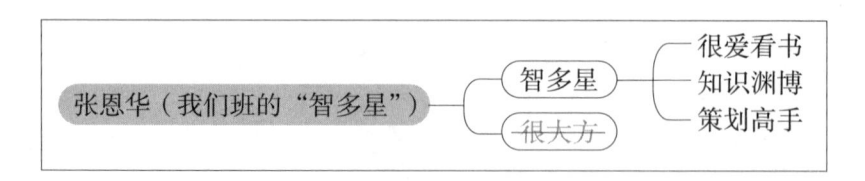

```
张恩华（我们班的"智多星"）——智多星——很爱看书
                                    知识渊博
                                    策划高手
                      ——~~很大方~~
```

写叶云秀同学，不写"和男生打篮球"这个特点，选择"爱帮老师做事""爱帮同学做事"这两件事，写出叶云秀是身边的"小雷锋"。

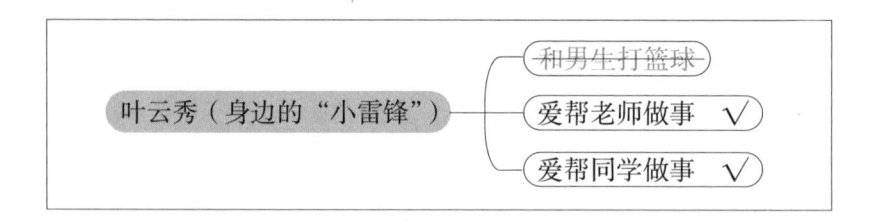

```
叶云秀（身边的"小雷锋"）——~~和男生打篮球~~
                        ——爱帮老师做事 √
                        ——爱帮同学做事 √
```

写妈妈，火眼金睛，很亮；顺风耳，很灵；樱桃小嘴，能说会道。综合这三点，写我家有一个"超人妈妈"。

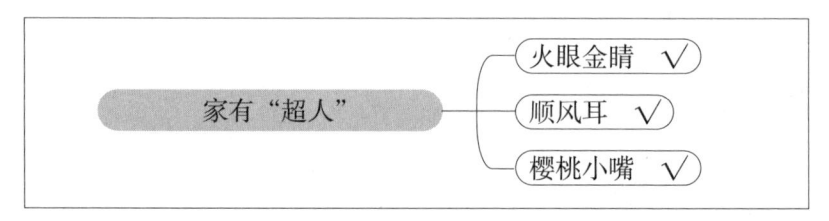

```
家有"超人"——火眼金睛 √
          ——顺风耳   √
          ——樱桃小嘴 √
```

确定了一个人上位的核心特点，再把这些特点的内在逻辑关系理清楚，就能突出人物鲜明的特点。这时，我们就可以对之前罗列的人物素材，进行大刀阔斧的取舍，找到描写他最突出的方面，用一根主线索贯穿素材。

3. 聚焦写作重点

理清了一个人的核心特点是什么，还要把写作重点确定下来。

比如写妈妈，一个同学这样写：

我妈妈不是人，她是个"超人"。

"超人"有两只比孙悟空还要厉害的"火眼金睛"。如果我想偷偷换掉毛衣里面的三层保暖内衣，或者是边写作业边看《米老鼠》，刷牙懒得用牙膏，洗手懒得用洗手液……这在"超人"面前只能空想，因为这些雕虫小技是绝对逃不过她那双慧眼的。

"超人"还长着神仙一样灵敏的"顺风耳"。我练手风琴时故意少弹几小节，或者躲在自己的房间里偷偷摸摸地看电视这种事，"超人"的"顺风耳"一听一个准儿。

"超人"最厉害的法宝是她的樱桃小口，我和爸爸都是她的"口"下败将。只要"超人"柳叶眉一竖，樱桃小口一开，我和爸爸就没有好日子过了。就像听到唐僧念经，没完没了。就像念紧箍咒一样厉害。任我是刀枪不入的孙悟空也很难过这一关哪！

——黄雨欣《家有"超人"》

这个同学用三个例子写妈妈，写作水平很高，但用力平均，无法凸显重点。怎么办？

聚焦核心，确定重点。想想：你觉得妈妈最厉害的一点是什么？这时，会有小朋友说，妈妈最厉害的就是一张嘴巴。如果在三个特点中穿插写自己和爸爸都败给了妈妈的故事，就能凸显重点内容。

故事举例：

六一儿童节快到了，我看中一条连衣裙，对妈妈说："多亏您长得美，我才长得这么漂亮。但我的衣服怎么能这么寒碜呢？"

妈妈一下子识破我的诡计："得得得，平时你不夸我，现在为了买好看的衣服，嘴上抹蜜，一个劲地夸我。没门！想都别想！"这时，爸爸央求，外婆也央求，但妈妈就是不肯答应。

用这样的事例，把故事展开，写出妈妈的嘴巴厉害的特点。

确定了写作重点，再围绕重点考虑选材问题。关于选材，一般有三种材料。

4. 少用熟料、多用生料、偶用猛料

以写妈妈为例——

熟料：把我带到医院去、送雨伞等，属于司空见惯的材料。

生料：四十多岁的妈妈，学裁剪、学跳舞、学化妆、做服装设计等，这些属于比较陌生的材料。

猛料：妈妈为了学越剧，居然请假一个月，一个人大老远跑到越剧之乡——嵊州，跟剧团学越剧。这样的"猛料"，很有杀伤力！

选材时，少用司空见惯的材料，多用新鲜、陌生的材料，偶尔用一些"杀伤力"强的材料，你的文章，才可以在选材中胜出。

故事写好了，人物就立起来了

怎么把故事写好呢？用独特的细节，尽量少写外貌；用富有镜头感的语言展开叙事，刻画生动的人物形象。

1. 尽量少写外貌

写人的文章，除非这个人长得很有特点，一般人，没太特别的长相，写外貌是非常难的。

茅盾文学奖获得者陈忠实，谈创作《白鹿原》这部书时，曾说："我写人基本不写外貌，直接用人物的语言、行动，用很多细节去写。"

2. 用独特细节写人

我曾在《南方周末》读过一篇名为《儿童小胖》的文章。一个叫王小姿

的记者，以三个事例，把儿童小胖非常独特的细节写出来，人物形象活灵活现。

小胖子在妈妈的带领下，见了幼儿园的王院长后，终于入园了。小胖进园后，见了什么领导都统称王院长了。老师说："叫李院长。"小胖子："王院长好。"老师说："这是李院长！"小胖子："王院长再见。"

小胖子有个特殊习惯——午睡全裸。可以想象他晚睡也是全裸的，但那个时段裸就裸吧无所谓，午睡全裸却直接导致几位老师的崩溃。每天午饭用毕，他把自己脱光，舒服地躺倒在床，一觉呼到两点半。醒了以后，他就那么全身精光地、小脸儿红扑扑地、一身睡痕红褶子地光着脚丫子踱到走廊里，跟来来往往的阿姨们喊："Hi——"

小胖子还有个特点是吃很多。这个特点导致的必然结局就是，他也拉很多。他养成了一个奇异的习惯，儿童男厕一共6个蹲坑儿，每个蹲坑儿他都会努力去撇上一条。发现这件事的是幼儿园的一个司机阿舅，6条屎事件火速传遍全园。老师找小胖子，让他谈一下这么干的原因，小胖子亮出他特有的无辜笑容，"嘿嘿"。

你看，午睡全裸、撇六条屎，都是鲜活的细节，人物形象就立起来了。

3.用镜头感的语言展开叙事

讲故事，要努力营造氛围感、画面感，把故事展开写。比如这一天，谁来到什么地方，看到了什么，说了什么话，声音、动作、手势是什么样的……概括来说，就是用具有镜头感的语言写故事。

（1）用动作写人

有时，我们用动作写出人物的特点。

王蓝田性急。尝食鸡子，以箸刺之，不得，便大怒，举以掷地。鸡子于地圆转未止，仍下地以屐齿碾之，又不得，瞋甚，复于地取内口中，啮破即吐之。

　　翻译：王蓝田性情急躁，有一次吃鸡蛋，用筷子扎，扎不破，就大怒，举起它扔在地上。鸡蛋在地上旋转不停，就下地用鞋齿踩它，还不解恨，又把它放进嘴里，咬破后就吐掉。

《王蓝田性急》一文，就是用一连串动作，写出一个性情急躁的人。

（2）用语言写人

《世说新语》里还有很好玩的故事——

　　钟毓、钟会少有令誉。年十三，魏文帝闻之，语其父钟繇曰："可令二子来！"于是敕见。毓面有汗，帝曰："卿面何以汗？"毓对曰："战战惶惶，汗出如浆。"复问会："卿何以不汗？"对曰："战战栗栗，汗不敢出。"

　　翻译：钟毓、钟会在少年时就有美好的声誉。十三岁时，魏文帝曹丕听说后对他们的父亲钟繇说："可以让两个孩子来见我。"于是兄弟俩奉命觐见。钟毓脸上有汗，文帝问道："你脸上为什么出汗？"钟毓回答说："我害怕啊，汗出如水浆。"文帝又问钟会："你为什么不出汗？"钟会回答说："我很害怕，汗水不敢出。"

钟毓、钟会两句回话，把一个胆小、一个机智的两兄弟形象，刻画得淋漓尽致。写好语言，人物形象就生动了。

　　这熙凤听了，忙转悲为喜道："正是呢，我一见了妹妹，一心都在他身上了，又是喜欢，又是伤心，竟忘记了老祖宗，该打该打。"又忙携黛玉之手，问："妹妹几岁了？可也上过学？现吃什么药？在这里不要想家。要什么吃的，什么玩的，尽管告诉我。丫头老婆们不好了，也只管告诉我。"

　　　　　　　　　　　　　　——《红楼梦·凤辣子初见林黛玉》

《凤辣子初见林黛玉》一文中,王熙凤一连问了林黛玉三个问题,却没有让她回答。因为王熙凤急于在老祖宗面前,表现对林黛玉的关心;急于在林黛玉面前,确立自己的家族地位。从王熙凤的语言里,我们感受到,她根本不是在真诚地关心人,而是非常虚伪、阿谀奉承。

这就是语言描写的魅力。

再读读马克·吐温写的《金钱的魔力》:

"把那么一套不像样子的衣服卖给一位脾气特别的百万富翁!托德简直是个傻瓜——天生的傻瓜,老是干出这类事情。把每一个大阔佬都从这儿撵跑了,因为他分不清一位百万富翁和一个流浪汉,老是没有这个眼光。啊,我要找的那一套在这儿哩。请您把您身上那些东西脱下来吧,先生,把它丢到火里去吧。请您赏脸把这件衬衫穿上,还有这套衣服;正合适,好极了——又素净,又讲究,又雅致,简直就像个公爵穿得那么考究。这是一位外国的亲王定做的——您也许认识他呢,先生,就是哈利法克斯公国的亲王殿下,因为他母亲病得快死了,他只好把这套衣服放在我们这儿,另外做了一套丧服去——可是后来他母亲并没有死。不过那都没有问题,我们不能叫一切事情老照我们……我是说,老照他们……哈!裤子没有毛病,非常合您的身,先生,真是妙不可言!再穿上背心,啊哈,又很合适!再穿上上衣——我的天!您瞧吧!真是十全十美——全身都好!我一辈子还没有缝过这么得意的衣服呢。"

一个老板看到一个穷光蛋的口袋里有百万英镑后,作者没有直接用概括的语言,说他阿谀奉承、见钱眼开,而是通过一段长长的话来写,非常夸张。其实,老板心中想说的,无非是:

>"请您把您身上那些东西脱下来吧,先生,把它丢到火里去吧。请您赏脸把这件衬衫穿上,还有这套衣服;正合适,好极了——又素净,又讲究,又雅致,简直就像个公爵穿得那么考究。哈!裤子没有毛病,非常合您的身,先生,真是妙不可言。再穿上背心,啊哈,又很合适!再穿上上衣——我的天!您瞧吧!真是十全十美——全身都好!我一辈子还没有缝过这么得意的衣服呢。"

明明一百多个字就能写清楚,作者却用了三百多个字写老板的语言。为什么呢?因为老板看到顾客有那么多钱,很激动。人一激动,就会语无伦次。老板怕顾客生气走掉,他要安慰顾客、迎合顾客,让顾客心花怒放。通过长长的一段语言描写,作者刻画了一个见钱眼开的势利商人形象。

沈从文说:"写人物,要贴着人物去写。"

因此,我们在写人的时候,要仔细观察,写出不同人物的独特语言:如果是个卖菜的,就要写出吆喝的话;如果是个导游,就要写出导游经常说的话。我们要还原这个人的职业、年龄、身份、知识背景等,体现人物特点。这就是贴着人物去写。什么阶层,说什么话;站在哪个山头,就说哪个山头的话。

如何做到贴着人物去写人?

写作密码之一:"机关枪说话法"塑造人物形象。

再看上文《金钱的魔力》(片段),老板为留住顾客,一口气喋喋不休地说了三百多个字,像不像机关枪发射一样?

写作密码之二:语气标点助阵法:夸张地渲染。

比较下面两段话,你会发现,运用感叹号、语气词,能强有力地表现老板的夸张、谄媚、阿谀奉承,入木三分地刻画人物形象。

>哈!裤子没有毛病,非常合您的身,先生,真是妙不可言。再穿上背心,啊哈,又很合适!再穿上上衣——我的天!您瞧吧!真是十全十

美——全身都好！我一辈子还没有缝过这么得意的衣服呢。

裤子没有毛病，非常合您的身，先生，真是妙不可言。再穿上背心，又很合适。再穿上上衣——您瞧，真是十全十美——全身都好。我一辈子还没有缝过这么得意的衣服。

平常写人的时候，我们要仔细去观察，去琢磨，这个人最喜欢说哪些话，把他（她）的话语展开来写。

用镜头感语言展开叙事，我特别推荐《俗世奇人》这本书，它写了清末民国初长期流传在天津的奇人异事，写得非常精彩。

如《刷子李》这个故事，塑造了颇具人物个性的"刷子李"。刷子李的黑衣黑裤、刷墙时娴熟的动作，还有那个让徒弟曹小三吃了一惊的白点等细节描写，都体现了刷子李的技艺精湛。还有《泥人张》《酒婆》《张大力》等，每一篇都浓墨重彩地突出人物语言、动作、神态等细节，刻画人物鲜明的特点。建议大家，人手一本，好好读，好好学。

不同"辈分"，不同写法

1. 小一辈的，写有趣的故事、有趣的人

通过有意思的故事，写出一个又一个人物。比如曹秋英老师写的《从憨憨到敢敢》，模仿《俗世奇人》的写法，用有画面感的文字，写出好玩的故事、有意思的绰号，有时甚至可以用小说创作的方式，逗趣小辈。

2. 同一辈的，有一种黑，叫高级黑

如果是非常要好的朋友，可以用"高级黑"的方法去写，读来别开生面，让人会心一笑，颇有趣味。但这一种写法，一定要把握分寸，否则，真的容易抹黑人。

如赖建平老师写《书友破书店》，称书友为"蠹虫"，称书友的"破书店"，是一家专门"以公益讲座忽悠人"的书店，"却不请学问庞大之赖哥"（即建平老师）做嘉宾云云。其实，他和书店老板郑忠华彼此熟悉，彼此是损友，他才可以用这样一种方法写。

再看我写《赖建平这厮》，用高级黑的方式，写了建平老师三个特点。

（1）写建平老师极其爱出风头，其实是写他的"创意表现"

一般人主持，总是要先把出场嘉宾好好儿夸一番。这厮，偏不。他损人。怎么损人了呢？"接下来要出场的这位老师，常有惊人之举。他游泳，差点儿把自己淹死；他上课，差点儿把班上的学生骗死；他讲座，差点儿把旁听的服务员迷死……他就是著名特级教师——张祖庆。下面有请祖庆老师粉墨登场！"

建平老师曾在一次主持中，这样介绍衢州小语界德高望重的赖正清先生：

赖老先生不是人，天上文曲下凡尘。

建平主持，不用常规的主持语，却用"淹死""骗死""迷死""粉墨登场"这些词，均属于贬词褒用；"赖老先生不是人"，是为了引出后面"天上文曲下凡尘"。我写他爱出风头，其实是夸建平老师不按套路出牌、敢于创新，给人留下很深的印象。这就是高级黑。

（2）写建平老师"酸"，其实是写他"有才华、不拘一格、不落俗套"

有一次，他请我到衢州，竟用"绕城墙走一圈"的方式请客。

"赖建平是酸秀才，地地道道的酸。"这是酸之一。

更让人酸的，是在2014年巴西世界杯期间。荷兰队大战西班牙队后，我在朋友圈晒了一张图，发表评论：

　　　　双子星有如神助摧枯拉朽让人闻风丧胆

　　　　斗牛士好似梦游节节败退令人难以置信

建平跟帖：

　　　　郁金香军团换装如换刀刀刀见血

　　　　西班牙武士失魂似失球球球惊心

（3）写建平老师做事极其不靠谱，其实是说他"不按常规出牌，有创意"

　　建平老师在研习营里，做了很多不靠谱的事：教学生写演讲稿，他居然让学生给他写他葬礼上的悼词；当体育委员，竟好为人师，爱给女教师改诗歌；结业典礼上，还要一展歌喉，把我比下去……

　　　　最关键，我居然在他吼过之后，被人怂恿，也吼。

　　　　结果，可想而知。掌声稀稀拉拉——嗯，主要是话筒被他震坏了我的水平只发挥三成，不然，哼哼！

　　　　这次研习营，最让我受不了的，是他的好为人师。无论哪个老师——主要是女老师，总爱找他请教，请他改诗。他呢，居然装作比诗人雪野还专业！

　　　　我看不下去了，死命催他去睡——建平，你明天，还要吹哨的呀。

　　　　我凌厉的眼神，无数次射向他。他大概意识到了什么，恋恋不舍地，撤了。

　　　　早晨6点15分，赖建平的哨子，又刻板地响了。

　　　　哨子响的时候，我正在一楼大厅写这篇文章。

　　　　年轻的小金同学路过，悄悄跟我说，祖庆老师，昨晚11点半，我们撤了之后，又找赖副班改作文去了。

看了这篇文章，许多读者在后台的留言，也非常幽默，让人喷饭。这是将"高级黑"进行到底！

3. 长一辈的，怀敬重之心，写敬重之文

然而，给长辈写文章，我们要怀着敬重之心。一般来说，语言不要太幽默、太调侃。

如我写支玉恒老师，精选了三堂课，写了"一场大雪""一头小象""一轮太阳"，写他课堂教学艺术高超的特点。

"一场大雪"，写他的教学艺术，胆大心细。

一次，支老师到成都上示范课。看到另两个老师与自己同上"草原"，便当夜换课，上了一堂裸课——"一场大雪"，非常成功。后来，他又换了一种上法，超越了自己。我用《一场大雪》这篇文章，概括支玉恒老师"横空出世"。

"一头小象"，写他的文本解读，教学细致。

支老师有三绝：文本解读绝，朗读指导绝，词语理解绝。

支老师对《曼谷的小象》的文本解读非常妙，阿玲美、晨雾美、小象美、声音美。最后，是什么都美吗？不是，泥泞的东西不美。但为什么在作者眼里，都美呢？因为他有一颗善良、积极乐观、向上的心。支老师把课上到哲学的高度。

教"点缀"这个词时，支老师一板一眼，很规律、很整齐地把词语写在黑板上，问学生："这叫点缀吗？""不是！"接着，他拿起粉笔，在黑板上随意地点、点、点。之后，他面带微笑说，"这才叫'点缀'。"

教"潇洒"这个词语，他先给学生做了个表演，用手当作鼻子，左右甩来甩去，问："这样潇洒不潇洒？"学生说不潇洒。老师再问："怎样算潇洒？"他又表演了夸张的大幅甩臂的动作，学生就理解了。

"一轮太阳"，写他的眼里容不得一粒沙子。

有一次，支老师到某校上课。借班老师怕学生跟不上支教师的课，预先把课文的教学片断给学生看。上课时，老师一提问，学生就把答案报了出来。支老师发现学生提前学习了他的课堂实录，他当场把粉笔一扔，说："老师怎么可以这样！现在不上了，我们换一种玩法。"这样的支老师，正直、刚正，眼里容不得一粒沙子。

后来，我又为支玉恒老师写了一篇文章——《坦坦荡荡支玉恒》，写了三件事。

第一件事，保留"一轮太阳"这个素材，体现支老师的"坦荡"。

第二件事，写支老师听了陈琴老师的吟诵后，觉得自己的古典文学素养太缺失了。他写了一千多字的信，在朋友圈里晒出来，说自己这么多年都是误人子弟，要向陈琴学习，拜她为师。这名满天下的支玉恒老师啊，竟能如此检讨自己、提携晚辈！这胸怀，这格局，真不是一般人能做到的，足显"坦荡"！

第三件事，我读《支玉恒教学艺术和批评》一书，发现里面居然有几篇严厉批评他的课的文章，其中有一篇叫《支玉恒可以休矣！》。没想到他竟能把这样的文章，编入书中，不可谓不"坦荡"。

《坦坦荡荡支玉恒》这篇文章，我抓住"坦荡"这个核心特点，写了三件事：课堂上，敢于打假，坦荡；面对晚辈，表达敬重，敢于承认自己的不足，坦荡；敢于把别人的质疑，收进文集，编成书印发出来，坦荡。这些事情，一件比一件让人敬重，特别是把质疑事件放在最后，让拥有大格局、大胸怀、大先生品质的支老师形象，跃然纸上。

选材紧扣特点，渐入佳境，把最能突出特点的事件放在末尾，这样的文章，才能元气充沛，读来酣畅淋漓。

在《我的老师根德先生》这篇文章中，我写陈根德老师的第一堂课。他的自我介绍、速读、背诵的功夫，他教古文，他自修汉语言专科，他在校园里自弹自唱《在那桃花盛开的地方》，他在父亲亡故后拉扯弟弟长大，用这五六件事，写了一个有理想、有追求、有绝活、不甘平庸的乡村老师的形象。

像这样，用写故事的方法写一个人，也让人印象深刻。

  正式上课铃响起之前，教室里进来一个消瘦的年轻人。几个淘气的男生，眨巴着眼睛，你看看我，我看看你，眼睛里写满疑惑：啥，这就是我们的语文老师？！

  在我看来，这名新老师，实在不像老师。个头不到1米7，脸黑黑的，眼睛小小的，脑袋明显有点侧——用温岭方言说，是个"歪头"。"歪头老师"穿了件被日光晒旧了的银灰色卡其中山装，看上去颇为寒碜。

  老师二话不说，抓起粉笔，在黑板上画了起来。只用一笔，龙飞凤舞地画出了个图案。

  说实话，这图案画的是啥，我没看懂。

  "我叫陈根德。陈，耳东陈；根，树根的根；德，道德的德。"他指着黑板，自我介绍起来。

  我这才明白：原来，他就是我们的新老师陈根德——陈老师把笔画巧妙重叠了起来，只一笔，就把自己的名字写出来。

  我不禁对陈老师刮目相看。

  接着，陈老师简单地向我们介绍起自己：22岁；高中毕业后曾打过工；1983年开始代课；现在当丙班班主任，兼丁班语文老师。

  绝妙的连笔签名，简朴的自我介绍，陈老师给我留下极深的印象。

用写故事的方法写一个人，这是非常重要的一种写人方法。
要写到什么程度，才算成功呢？
导演看到这篇文章，产生拍摄成纪录片、微电影的想法；读者读到这篇文章，感到如临其境、如闻其声、如见其人，那么，这个人物就写成功了。

第十讲

如何做好、写好自己的微课程

什么是微课程？定义我不想具体展开，在后面的例子中，大家会慢慢了解。

一节老课的二十年穿越

我是怎样做电影课程的呢？这要从我最新上的一节老课——"亚马逊河探险记"说起。

2004年，我第一次用电影来上作文课，上的是"亚马逊河探险记"。2011年实行新课标之后，教材发生了变化。我欣喜地发现，我曾经的教学设计居然被编到了教材里，我多年前备的课，居然一点都不落伍。

2020年和2021年，我又把"亚马逊河探险记"拿出来重新上，有了不同的版本。2023年，我应陕西省某赛课组委会邀请，上一堂示范课，我又对这堂课进行了重构。

这堂课有哪些新变化呢？我为大家一一指出。

1. 设置前置任务，建构阅读话题

第一，让孩子们到网上搜索一些值得探险的地方的资料，如热带雨林、

茫茫大漠等。

第二，引导学生关注相关的探险急救知识。

第三，从一组探险类文学作品中选一本精读。

[法]凡尔纳:《气球上的五星期》《神秘岛》《大木筏》《两年假期》

[英]史蒂文森:《金银岛》

[英]詹姆斯·希尔顿:《消失的地平线》

[德]卡尔·麦:《荒原追踪》《印第安酋长》《恐怖的大漠》《沙漠秘井》

[中]何马:《藏地密码》

他们读完之后，我问他们发现了什么。孩子们说:"老师，我发现中国好看的探险的书，只有《藏地密码》；而国外的探险类书籍，特别是英国的，比较多。"

根据孩子们的回答，我建构了一个探究话题——为什么中国的优秀探险类作品这么少？

"千里之行，始于足下。"我们期望几十年之后，中国出现更多的优秀的探险类作品。从今天的课开始，我们要努力学习写探险小说，也许，几十年之后，我们就能真正写出在文学史上留存的作品。

就这样，创设了表达情境。

2. 建构学习任务，巧用小组合作

建构学习任务：小组合作，制作一本《亚马逊河探险记》故事集。

首先，抛出问题，探险之前要做哪些准备？我们要研究"去哪里，和谁去，带什么"的问题。在这之前，我做了一个小小的调查。

茫茫大漠，热带雨林，南极冰川，海上荒岛，幽深洞穴，你最想去哪里探险？

选热带雨林的孩子最多，占 42.39%。

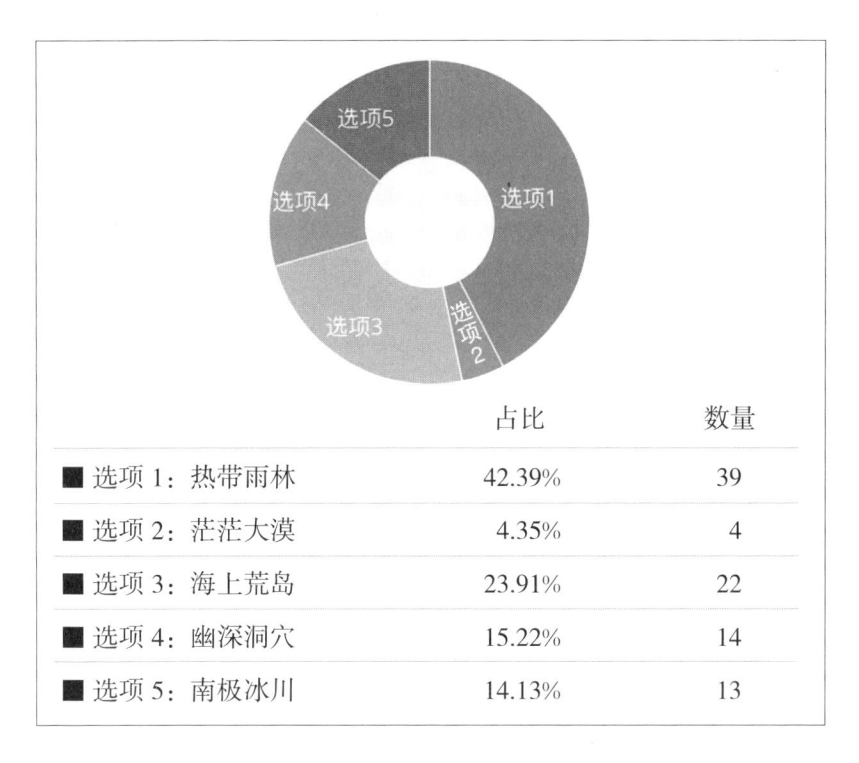

	占比	数量
■ 选项 1：热带雨林	42.39%	39
■ 选项 2：茫茫大漠	4.35%	4
■ 选项 3：海上荒岛	23.91%	22
■ 选项 4：幽深洞穴	15.22%	14
■ 选项 5：南极冰川	14.13%	13

既然那么多孩子都想去热带雨林，那么今天这堂课，就以亚马逊热带雨林为例，来谈一谈怎样去热带雨林探险。

关于亚马逊热带雨林，你都知道些什么？

先让孩子们汇报收集到的信息，用最简单的语言来描述，讲一讲亚马逊热带雨林的概况。分享完，配乐播放亚马逊雨林风光和电影《冲出亚马逊》片段。

我要带孩子们去亚马逊热带雨林虚拟探险，就要用大量的图片、音乐、相关资讯唤醒他们的阅读记忆，建构表象，为接下来创造新故事埋下伏笔。

看完风光片后，进行探险前的准备——选择人物。4个同学是一个原生小组，再选择一个大人和一个小孩——这是教材里边的内容。大人三选一：可以选择经验丰富的探险爱好者、知识渊博的生物学家、见多识广的向导。小孩同样是三选一：可以选择好奇心强、性格活泼的同学，胆大且行事鲁莽的表哥，细心而胆小的妹妹。当然也可以自己生成一个虚拟的角色。

选好人物之后，再选择探险用品。先提出问题：哪两种用品你们认为是探险中必不可少的？理由是什么？

选择的过程，其实就是孩子们进入虚拟探险场景的过程。他们仿佛已经进入了任务情境——选择伙伴、选择探险工具，是任务情境化。

3. 唤醒经验世界，充分展开想象

准备就绪，启动探险。怎么去呢？我告诉孩子们要唤醒经验世界。这个经验，可能是你真实的探险历程或是你的阅读经验。接着，结合老师的描述，听音乐展开想象：

各位探险队员，你们好！经过紧张的筹备，我们的探险之旅即将开始。咱们先从西安坐飞机到深圳，再由深圳转往香港机场，由香港机场转到智利。飞机即将起飞，请大家系好安全带（配乐：飞机起飞和降落的声音）。已经到达深圳，转机前往香港，现在飞机正在下降。

各位探险队员，智利已经到了，我们将由智利进入亚马逊河。让我们背上行囊，走进这密密层层的原始森林，让我们用心去发现，用心去感受。

这密密层层的丛林里，都有些什么在等待着我们呢？也许，更多的秘密在森林的最深处，让我们继续往里走，也许你会有更多更新奇的发现。

请大家注意，前方有危险！在丛林里面，到底藏着什么呢？有什么惊喜在等着我们呢？

小伙伴遇到危险了！做好防护！随时准备！提高警惕！快跑……

太阳西沉，大家踏上回大本营的路。让我们在大本营，抖落一身的疲惫，席地而坐，开始分享今天的探险之旅。

4. 搭建写作支架，锤炼写作片段

展开充分的想象后，探险故事到底怎么写、写什么？我有几个建议：可以写异域风情，可以写惊喜发现，可以写惊险一刻，可以写难忘插曲……

我出示三个友情提醒——这三个友情提醒就是写作支架。首先，探险经历能给人身临其境的感觉吗？打开五官，用自己的眼睛去看，用自己的耳朵去听，用自己的鼻子去闻，用自己的触觉去感知这个世界，让读者身临其境。其次，探险中你关注到了探险队员的不同表现吗？不同性格的人在同一个事物面前，表现是截然不同的，写出他们的不同。最后，你获得野外生存的智慧和经验了吗？把课外建构的知识和所带的工具派上用场。

接下去，我让学生写一个片断，大概用时 12 分钟。学生写完之后交流，我再根据学生的写作情况进行点评。如果这班学生的习作达到预期的效果，那我准备的范文片断就不需要了；如果习作没有达到预期的效果，我就用上这个片断，告诉大家怎样打开五感，怎样使人物形象栩栩如生。

片断《智斗食人花》

当大眼睛洛克逐渐恢复神志，开始寻找同伴的时候，一株食人花正舞动着它那如灵蛇般的藤蔓——它刚刚吞食了一只三头鸟。很显然，它已经嗅到了生灵的气息，正追踪而来。他们还来不及为看到的一切惊讶，已经听到了食人花的藤蔓穿行在草地上那窸窸窣窣的声音。一株株食人花怒放着巨大的血红色花朵，一张一合，一合一张，像填满番茄酱的血盆大口，仿佛要把整个世界吞没。

"啊！快跑……食……食人花，食人花来了！"大眼睛洛克尖叫一

声，吓得脸色发白，昏死过去。

威尔逊一边撤退一边思索。忽然，他猛地转身，将随身带着的手电筒向食人花扔去……

用具体的文字示例，向学生展示，不同的人，在同样的事物面前，表现是不同的。写作时，要着重关注人物的不同表现。

在此基础上，我让学生修改片段，并对探险旅程进行总结。写作探险故事分五步走：第一，研究探险之地；第二，做好探险准备；第三，展开想象之旅；第四，写好探险故事；第五，分享探险故事。

这一堂课以热带雨林为例，其他同学可能对其他的地方感兴趣，那么他们就可以按这个思路去写作。

5. 回归课前资料，前后呼应升华

最后，还回到课前搜索的资料——阅读套餐。我在备课的过程中还找到了一位中国的探险家余纯顺的相关资料，他曾经写过一本书叫《壮士中华行——余纯顺孤身徒步走西藏》。在我读到这本书之后不久，余纯顺先生就永远地离开了人世。（配乐播放余纯顺的资料）

同学们，让我们用心地写作，把这部作品献给探险家余纯顺先生。

这堂课，到这里戛然而止。

这堂课，无论是当时上还是现在上，都很有创意。

这堂课，从2004年上到2023年，走过了整整20年。这20年，我在开发电影课的路上一路狂奔。我的电影课程经历了四个阶段，从萌芽状态到觉醒状态，我一节课一节课地开发。2011年有了新课程标准之后，我又系统地开发我的课程。再到后来，我把更多的电影跟整本书阅读整合起来。我把一节课一节课，变成打上我的标识的课程，用了整整20年。

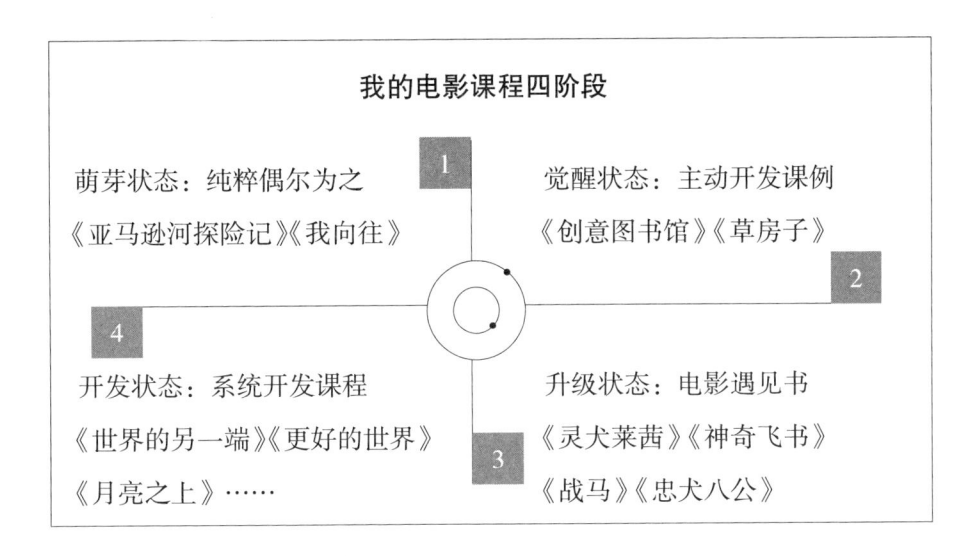

```
┌─────────────────────────────────────────────────────┐
│              我的电影课程四阶段                      │
│                                                     │
│   萌芽状态：纯粹偶尔为之    觉醒状态：主动开发课例  │
│   《亚马逊河探险记》《我向往》  《创意图书馆》《草房子》│
│                                                     │
│   开发状态：系统开发课程    升级状态：电影遇见书    │
│   《世界的另一端》《更好的世界》 《灵犬莱茜》《神奇飞书》│
│   《月亮之上》……            《战马》《忠犬八公》   │
└─────────────────────────────────────────────────────┘
```

在2018年，我写了一本书，叫《光影中的创意写作——46节电影作文课》，不少老师可能看过这本书。

我是如何呈现电影微课程的

电影课写什么呢？我的电影课程中，每个年级都有9节课。形式多样：播放电影的小片段、纪录片或者一些小视频，让孩子们定格镜头，用连续动作写出微视频，用模仿赵忠祥解说的方式，给视频配上文字，这是微素描；看一段电影设计一张海报；从人物的对话学习如何把对话写得更加生动；看电影做绘本；看电影写小说；看微电影，写微影评。下面，我举两个例子：

1. 微电影·微写作

微电影《月亮之上》，它讲了什么呢？

月圆之夜，大海之上，祖孙三代坐着一艘小船来到海上。这时，一轮明月升起，男孩顺着爸爸架起的梯子，爬到月球上面。月球上面布满了闪烁的星星。这时一颗巨大的星星从天而降，矗立在月球表面。爷爷和父亲争执用什么工具的时候,小男孩拿了一把锤子,敲碎了星星,然后他们用各自不同的工具把星星扫到一边,就扫成了月牙。

我让孩子把它设计成一张海报。海报要把故事的梗概、时间、地点、人物、事情清清楚楚地写出来。但又要隐藏一些悬念,或在高潮部分,或在结局部分,或在细节部分。概括来说,就是海报要清清楚楚地介绍基本情节,隐隐约约地交代故事的悬念。

微写作:写故事梗概,完善电影海报。		
要 求:1. 简要概括,理清基本情节;	时、地、人、事	清清楚楚
2. 巧设悬念,激发观影期待。	高潮、结局、细节	隐隐约约

有个孩子是这样写的:

深蓝的夜空下,宁静深邃的大海中央,摇来一艘名叫"月神"的小船,船上坐着祖孙三代。不知不觉之间,散发着乳白色皎洁光芒的满月从海水中升起,悬浮夜空。爸爸支好梯子,男孩背着铁锚爬了上去。原来,那发出光芒的竟然是遍布月亮表面的星星。突然,一团巨大的蓝光旋涡,旋转着从天而降,它竟然是个庞然大物……男孩爬上这巨大的物体,用锤子轻轻一敲,顿时……

几小时后,他们回到船上,回头一看,天边的月亮竟然……

一处省略号就是一个悬念,这就是海报的写法:交代清楚情节,但是又保留悬念。老师还可以让孩子们写微影评,可以聚焦画面、聚焦细节、聚焦主题、聚焦风格。

2. 微电影变绘本

《父与女》是一部非常感人的微电影。我先让孩子们观看影片,梳理出故事当中的时光轴。然后我截取影片画面，让学生给图片配文字。在课堂上，我以《神奇飞书》为例，告诉孩子们图配文的策略。接着示范配了一段文字，提醒孩子们文字要巧排列，图文和谐。

第二次看电影，老师提醒孩子们关注影片当中哪些事物在变。小女孩从幼年变成少女，变成青年，变成少妇，再变成中年，最后变成老年。天气一直在变，晴雨风雪。时间一直在变，早晨、中午、傍晚、晚上。海水在变，自行车在变，人数一直在变……老师告诉孩子们，时间、天气、海水、人数、年龄、自行车都在变。然后老师示范，出示一节小诗，让孩子们用小诗的方式，选择其中一幅图片，配上合适的文字。

由于有微电影的具体场景，加上课堂上指导得法，孩子们给图配文，写得非常棒。

最后，揭示"微电影变绘本"四步走策略：第一步，看电影，理清脉络。第二步，截取有代表性的画面。第三步，给图画配上文字，文字要求简洁，位置美观，注意情景交融。第四步，修改完善，为绘本取名，设计封面、扉页等。

为什么用电影来教写作

起初，我只是偶尔地尝试，随着电影写作课的不断开发，我有意识地投入到了序列化电影写作课程的思考中，并找到了一些理论的依据。电影是用画面讲故事的，作文是用文字讲故事的。

1. 电影语言和文学语言

那些写得很一般的文字，往往都是没有画面感的，它用概括性的、评价性的语言直接代替读者的想象。比如，你写强势的妈妈，那你要怎么写出妈妈的强势？

文具店里，我爱不释手地捧着一个文具。这时候，妈妈看见了，她大声说："不行，这个家里有了，不能买！"我不由得哭起来，央求着："不嘛！我就是喜欢。""不行就是不行，这个就是不能买！"妈妈再次拒绝。

这个过程就是用有画面感的语言去讲故事。我们在写人的时候，不乏精彩动人的素材，可为什么有些老师写出来的故事，就是无法让人进入到这个故事里边去呢？因为他始终是用评价式的语言来写故事。
再说写一个很敬业的老师。

　　下班了，他还留在学校给我们批改作业，经常到七八点钟才回家。

这个就是评价式的语言，那用电影式的描述语言怎么写呢？

　　这一天，轮到我值日。我做完了值日工作，背上书包准备回家。路过办公室，突然看到办公室里映出灯光。我透过窗户，仔细一瞧，是我们班的某某老师，他正在专心致志地改着作文。我不由得停下了脚步，只见老师在本子上，一会儿打钩，一会儿圈圈，一会儿又写点什么，嘴里念念有词。

这段话就是用故事性的语言来告诉大家，这个老师很敬业。
学生写作文的时候，写亲人也好、老师也好、同学也好，要让人物直接说话，让他的动作、表情在学生的文字里"活"起来，尽量不要去评价，不要下结论。
鲁迅先生是怎样写闰土的？

　　深蓝的天空中挂着一轮金黄的圆月，下面是海边的沙地，都种着一望无际的碧绿的西瓜。其间有一个十一二岁的少年，项带银圈，手捏一柄钢叉，向一匹猹尽力地刺去。那猹却将身一扭，反从他的胯下逃走了。

你看，这就是一幅油画，没有一个字直接写少年闰土是一个"很机灵的家伙"，但处处让我们想到闰土机智勇敢的样子。

这就是俗手的文字跟高手的文字的差别。俗手用评价性的文字把人物写成一个概念，高手用有画面感的文字让人物活起来。

作文就是用文字来放电影。好作文就像好电影，有画面感，故事更吸引人。大家可以拿一篇写人文章，用有画面感的写法修改一下。修改到读者读着你的文章，脑海里像放电影一样浮现画面，你就找到了写作的窍门。

电影语言跟文学语言有很多相近的地方。

电影语言与文学语言的关系

电影语言	文学语言
远镜头、中镜头、近镜头	群像描写、个体描写、特写
好事多磨	一波三折
蒙太奇	意识流
结局出人意料	陡转式结尾
插入回忆	插叙、倒叙
镜头淡出淡入	承上启下
借景抒情	借景抒情

"从前有座山"是远镜头，"山里有座庙"是中镜头，"庙里有个老和尚和小和尚"是近镜头，它对应写作中的群像描写、个体描写和特写。你看，电影总是好事多磨，文学作品一波三折；电影经常用蒙太奇，文学作品有意识流；电影的结局出人意料，文学作品有陡转式结尾；电影插入回忆，文学作品有插叙、倒叙；电影镜头有淡出淡入，文学作品有承上启下；它们都会用借景

抒情的方式。

2. 看电影也是一种阅读

电影更是一门综合性艺术，它融合了舞蹈、文学、建筑、雕塑、绘画、音乐等。可以说，没有哪一门艺术比电影有更强的包容性、兼容性。

阅读是一种广义的概念。可以读有字之书，也可以读无字之书。

当我理解到了这一层，我再去整理自己的电影课程的时候，我就开始有了目标意识，从艺术目标、读写目标、情感目标研究自己的课程。

中高年级电影课教学目标

目标纬度	目标设定
艺术目标	1. 初识角色、剪辑、镜头、蒙太奇、特写等基础电影语言； 2. 初步了解电影与音乐、舞蹈、建筑、绘画、雕塑之间的关联； 3. 初步了解电影发展历史。
读写目标	1. 借助电影的画面，初步学会分镜头定格法； 2. 借助特写镜头，尝试特写镜头开头的方法； 3. 初步学会海报设计、一句话（或一段话）影评写作； 4. 借助电影技法，尝试掌握"插叙""倒叙""借景抒情"的写作手法。
情感目标	1. 喜欢看电影，乐意欣赏高雅的动画电影、儿童电影和相关纪录片。 2. 主动养成将电影和书对比着欣赏、发现两者的异同点的好习惯，逐步形成良好的审美情趣。

我梳理出电影欣赏课、微电影写作课、电影遇见书三大板块，上了一系列的课，于是就有了中高年级电影课程的内容。有了目标，有了内容，时间从哪里来？一星期安排一课时，或者两星期上一节电影读写课，于是一节一节孤零零的课，就变成了一个有模有样的，有目标、有课程内容、有时间、

有评价的课程体系。

草根教师也可以做微课程

也许有的老师会问，祖庆老师，你自己都做了20年的微课程，我们普通老师怎么可以做啊？

其实草根老师也可以做微课程。有的老师从草根开始，做着做着，就做成了明师、名师——明明白白的明，明亮的明，也是有名的名。

姜晓燕老师是浙江余杭临平的一位老师，她出了好几本专著。她一直研究绘本，她出版了《跟着课本学绘本》，把一、二年级大部分课文跟绘本结合起来教。她即将出版《图画书教室》《超好玩的语文课》。她还和方素珍老师一起合作编著了4本《绘本读写课》。

我的工作室学员戴一苗老师，她先是上一节一节的非连续性文本课。后来我们把这些非连续性文本课整理成一本书。理论框架我来搭，一节一节课的内容她来做。于是我们合作完成了《非连续性文本教学与测评》。

曹爱卫老师也是我工作室的学员。当年她默默无闻的时候，从绘本研究开始，一本一本研究，后来出版了专著《玩转绘本创意读写》。现在她已经被评为特级教师了。

上海的丁慈矿老师，二十几年前他还默默无闻，但他喜欢读古书，从一节一节的对课当中，整理出版了《小学对课》，再后来，又写出了《写给现代孩子的声律启蒙》。他借鉴《声律启蒙》编创了适合孩子们阅读的东西："天对地，室对家。落日对流霞。黄莺对翠鸟，甜菜对苦瓜。狗尾草，鸡冠花，白鹭对乌鸦。门前栽果树，塘里养鱼虾。有时三点两点雨，到处十枝五枝花。"

山东的常丽华老师，从一个一个节气的小课程开始，出版了专著《在农历的天空下》。

当然也不一定只有学科课程，班主任领域也可以做课程。厦门的苗旭峰老师，长期从事班主任工作，写出了一本专著，叫作《优秀班主任悄悄在做的班级管理创意》。她在文化建设、班干部培养、活动创设、因材施教写评语等方面，都做出了创意。

教师要做自己的课程建筑师

教师一定要做自己的课程建筑师。教师的课程是设计出来的，更是建设出来的。我们既要做设计师，也要做建筑师。

其实我曾经做过这样一些创意写作课程的阶梯课程：低段的童诗创作、一二年级的绘本创意，三四年级的童书穿越，四五年级的微电影、微写作、应用文创意、博客创意……这是我做过的一系列的创意课程。

一线老师做课程有哪些特点？有草根性，人人都可以做；有统整性，几个学科重整融合；有学科性；有生长性，不断地发展；有可持续性。

有些老师问我们，课程到底怎么做？

第一，寻找课程优势。优势方向找到了，做起来得心应手。怎样去寻找课程的方向呢？寻找自己课程建设的甜蜜区。甜蜜区在哪里呢？第一个维度是自己的兴趣爱好。第二个维度是自己的教学专长。第三个维度是学校特色课程。如果三方面刚好交叉，那你就找到了课程建设的甜蜜区。

如果你喜欢集邮，可以带着孩子们去探究邮票上的名人、邮票上的风景、邮票上的关键事件；如果你爱好唱越剧，你把越剧唱词跟古诗教学整合在一起，甚至可以让孩子们用越剧唱腔去唱课文当中的某一个情节，让孩子们去填写几句唱词……浙江的何夏寿校长，就在越剧进课堂方面做出了自己的特色。

我们还可以思考：我的学校有哪些特色？我所在的社区有哪些资源？我的家长有哪些资源？我生活的地方有哪些资源？我的领导朋友亲人可以为我提供哪些支持？这些问题很重要，你总能找到自己擅长的领域。所以每一个老师都可以找到自己微课程的一席之地。

第二，确定课程框架。框架包括目标、内容、时间、评价、实施过程……如果这些内容没有想好，怎么办呢？就先一节课一节课上，之后再梳理。

第三，制订行动计划。一定要精确到每个月做哪些事情。

第四，执行课程计划。不折不扣地按照计划去实践，并做好资料积累。

第五，反思完善课程。按照计划，认真反思，不断完善，不断改进。

第六，提炼课程成果。课程成果可以一节一节课来呈现，也可以用思维导图、用故事、用视频号、用文字发表，最后可以整理成书，也可以整理成教材，还可以把学生的作品收集起来。大家一定要有收集学生作品的意识，建立一个又一个文件夹，把学生的作品分类收集整理，一旦成为书，学生的这些作品都是鲜活的佐证。

课程是生长出来的，也是规划出来的，更是建设出来的。

教师做微课程建设的策略

1. 教材拓展策略

教材拓展的策略有很多。比方说非连续性文本《埃及金字塔》，我们可以带着孩子去搜索关于"金字塔"的书，把它做成一本"墙书"。这一面墙呈现的都是同学们合作的关于金字塔学习的资源。"墙书"创作，非常有意思。

读了《杨氏之子》之后，可以带着孩子们去读《世说新语》；读了《刷子李》，可以带着孩子们去读《俗世奇人》。好多作家都有一本一本书，我们就可以去做"名家读写周"。

"名家读写周"怎么做？以五年级《小学生萧红读本》为例，我们把读本发给孩子们，要求回家一个晚上读一单元，第二天回来交流：你最喜欢这个单元的哪一篇？为什么喜欢？5天时间就这么交流，上上读读抄抄；周末仿写萧红的作品，第二周分享。几轮下来，孩子们的语言运用能力就会得到大幅度的提升。

2. 特长发展策略

这里的特长,既可以指学生的特长,也可以指教师的特长。把师生特长发挥出来,跟着爱好、特长去做有意思的课程,比如灯谜、对联、电影、邮票等。

3. 地域优势策略

根据当地的特色,挖掘课程本土资源。比如无锡可以做"梅花"课程,无锡还有个三国城,可以做"三国"课程。杭州楹联特别多,可以做"楹联"课程。济南可以做"泉"课程,安吉可以做"竹子"课程,北京可以做"胡同与巷"课程。

4. 问题解决策略

这里的问题是指学生遇到的真实问题。比如刚入校的一年级小朋友,怎么认识新环境、新老师、新朋友,我们可以做一个入学课程。也可以利用《大卫,不可以》系列绘本,做系列的入学规矩课程。

5. 节日节气策略

我们可以结合特定的节日节气做课程。比如围绕清明、中秋、春节等传统节日,或者二十四节气,做出一系列课程。

6. 仪式强化策略

庄严而有新意的仪式教育,会让学生铭记一生。尤其是人生关键节点的仪式,可能会成为学生人生路上的里程碑。比如入学开笔礼、十岁成长礼、毕业典礼季。到毕业季的时候,可以做"杨柳与送别课程",还可以做毕业赠言、做毕业纪念册等。

草根教师如何写微课程

微课程做了,关键还要把它写出来。写好这一次,写好这一群,写好这一本。要一次一次地去写,把每一次的过程记录下来。

我的电影课,就是这样一节一节写出来的。有的用课堂叙事的方式,有的录成课堂录像，然后整理成课堂实录。

整理电影课程时，我会先交代清楚这是属于哪一部电影里的内容，使用了电影镜头里的哪几分哪几秒，组合成哪几个视频，这个视频怎么用。然后我会画一张思维导图，再把课堂实录整理出来，最后有一个反思。这就是一节课的记录。有的还会在最后附上听课老师的评课笔记。

1. 写好每一次

衢州的曹秋英老师，带孩子们共读汤素兰的《笨狼旅行记》，再关注《笨狼的学校生活》，读"笨狼系列"书，还带孩子们上童诗课、写童诗。最后她把作家请进校园，让孩子们与作家面对面。她将这个过程从头到尾梳理，详细记录，还写了反思；经过反复推敲，最终形成文章《童年·童诗·童趣》，发表于《福建教育》。把一次做到位，就写出了特色。

2. 写好这一群

曹秋英老师相继策划了9次与作家面对面的活动，这个班的学生与好多作家——位梦华、徐鲁、常新港、黑鹤、杨鹏等互动、合影过。

每一位作家进校园活动都有相应的主题，都把读写融合进来。曹老师把每一次活动都写了出来。其中，《每一个孩子都写一本书》发表于《当代教育家》，介绍了怎么结合科学家、作家位梦华进校园，带孩子们写连载小说、做成手绘书送给作家的故事。

曹老师在总结经验时说："以微课程的形式进行读写活动，能把一粒粒散落的珠子，用阅读这根线串起来。孩子们读一个作家的书，深入了解一个作家的写作风格，学习一种语言表达方式，再由此及彼，把零散的碎片读写，构建成有体系的读写活动，去读更多的书，品不同语言的表达奥妙，这不就是语文的根吗？"

确实是这样的。我在带班的时候，也带着孩子们读，一个一个作家的作品读过去：萧红的，巴金的，老舍的，鲁迅的，冯骥才的。用一周或者两周时间，带着孩子们读这样的书。这是非常有意思的事情。

由写好每一次，到写好这一群，我们要深耕某一个领域、专注一类文章，这个非常重要。

3. 从一群文章到一本专著

有了一群文章，我们再把它们组合在一起，就成了一本书。

姜晓燕老师做绘本教学，做出了好几本专著。最近，她的《图画书教室：超好玩的语文课》也即将出版。书中包括"和童话书课文同名的图画书""和单元要素相呼应的图画书"，还有"童话联连读"三组内容，非常有意思。

我的工作室学员戴一苗老师也是从一节一节非连续性文本课中，整理出了《非连续性文本教学与测评》。上篇是非连续性文本面面观，理论性的。中篇主要是戴一苗老师按照平时课程整理的实践策略，包括指向图文阅读的策略、指向推论的策略、指向比较阅读的策略、指向评价反思的策略。下篇是非连续性文本的测评。理论篇、实践篇、测评篇，逻辑严密，思路清晰。

从微课程到系列课程，再到自己的标志性专著，其中最重要的一点就是做课程要有可持续性。做了这么多年的电影课程，如果继续往前走的话，还可以做什么？可以做"跟着课文看电影""跟着名著看电影"；还可以做"微电影剧本写作"，把微电影还原成一个又一个剧本。甚至可以自己原创微电影剧本，去拍实景教学电影。还有电影主题课程，比方说环保、医疗、科技、历史、战争、成长等，都是可以做的。

课程建设的辩证法

1. 课程建设是为了学校、为了儿童，还是为了自己

我个人认为，要把"为了儿童"摆在首位。我们是为了儿童成长而做课程。像曹秋英老师，她把那么多作家请进来，让孩子们在童年时代就遇到心仪的作家，这是人生之大幸。童年时代遇见一个偶像，偶像的榜样力量会激励人一生。我们要先把儿童放在第一位，然后才考虑做什么课程、这个课程能否

与学校的课程融合成为学校课程的一部分。当你真正做出了特色，发表也就顺理成章了。所以做课程，先是为了儿童，再为了自己，最后为了学校。

2. 课程建设顶层设计重要，还是底层自觉重要

我的看法是，先要有底层自觉。当教师觉得这是自身成长的需要，不是学校要我做、而是我想着做，他就会觉得"课程就是我自己的孩子"。这就是"底层自觉"。有了底层自觉，做出规模之后，再邀请一些专家把脉、指路，再有顶层设计。草根教师的课程建设，应该先"自下而上"，再"自上而下"。打通整个课程建设，要走个来回。

3. 做分科课程，还是融合课程

先做好分科课程，不要轻易去尝试跨学科融合课程，因为融合课程涉及不同学科的专业知识，难度较大。你有了一定基础，有了一定能力，再去做融合课程，做基于问题的、基于项目的跨学科学习。课程一定是具有学科特质的，所以要先把自己的本学科做好，体现学科性，不要为做课程而做课程。

4. 只有出书才算课程成果吗？

不要觉得只有出书了才算有成果，不要觉得文章没有写出来就没有成果。儿童的发展、儿童的变化，就是你的成果。你在做课程的过程中，自己阅读了大量的书籍，拓宽了眼界，提升了自我，在潜移默化中悄然成长也是成果。所以成长即成果，成才即成果。当然，有纸质的、书面的发表，甚至有一本自己的专著出版，是锦上添花。如果没有，也不要紧。

做课程，要把微课程当孩子养。养孩子的过程中，不需要强迫自己去努力，只要我们爱这个孩子就可以了。有了爱，我们付出艰辛，便创造出了属于自己的微课程。微课程起步难，但做着做着就能做出特色。

【结束语】

一朵花刚开，别评价，不要去估量它的未来，让它慢慢长大、慢慢开放。

一花一世界，一沙一天堂。刹那也是永恒。当你把一个属于自己的微课程做到极致的时候，你的专业生命就刹那花开，你就拥有了自己的孩子。

做老师，我们最能把握的，就是干好离自己最近的一件事情！

最后，我送给大家一个小故事：

有个老和尚带着一个小和尚，要爬过一座山，到远方去。小和尚对老和尚说："师父啊，天那么黑，山那么高，路又那么陡，我们会不会迷路？会不会到达不了远方啊？"师父说："看好脚下每一寸土地，走好脚下的每一步，我们就能抵达远方了。"

第十一讲

写好系列文章，打造你的品牌

这一讲，主要讲一线教师，如何用写作打造自己的品牌。

品牌是怎样炼成的

先来说说我们熟知的企业品牌。

1. 茅台。很多人喜欢喝茅台、收藏茅台。茅台据说有 800 多年历史，是酱香型白酒的鼻祖。你还别说，茅台好喝，还不上头。

2. 张小泉剪刀。这个剪刀也是很有来历的。明朝万历年间，一个叫张思家的人在徽州开设"张大隆"剪刀作坊。1610 年前后，作坊迁到杭州大井巷。1628 年，张小泉从父亲手中接管店务，将店名改为自己的名字"张小泉"。后来，其子张近高为区别假冒名号的剪刀，在"张小泉"下面加上"近记"二字，以示正宗嫡传，于是"张小泉—近记"就这样一代一代流传下来。

3. 海天酱油。它是三百年的老字号。乾隆时期，佛山有以"古酱园"为代表的调味品酿造作坊逾百家，其中，"海天酱园"出售的"冠军生抽""亚军生抽""虾子酱清""柱侯酱"等，不仅遍布佛山的茶楼酒馆、普通人家，还出口到东南亚国家。1955 年古酱园谋划合并重组，新组建的厂名为"海天酱油厂"。

老字号很多，不一一举例。

这些传统企业品牌是怎么炼成的？品牌，是长时间坚守的水到渠成。如果没有时间沉淀，品牌是不可能建成的。

我们再来看看作家中的品牌。

1. 莎士比亚。"戏剧天才""十四行诗王子"莎士比亚，被誉为"文学界的宙斯"。我手里有一本书，叫《西方正典》，作者时时处处将莎士比亚与其他作家对比，在他心中，莎士比亚就是最伟大的作家。莎士比亚有四大悲剧代表作，也有四大喜剧代表作，还有系列历史剧。他的作品之多、整体水准之高，让人叹服。

2. 陀思妥耶夫斯基。专门写底层小人物，作品具有人道主义精神，被誉为文学领域里的存在主义思想鼻祖。有人说，二十世纪是属于托尔斯泰的，而陀思妥耶夫斯基是属于二十一世纪的。陀思妥耶夫斯基最著名的《卡拉马佐夫兄弟》，被作家毛姆誉为"世界上最壮丽的小说"。这本书确实写得非常壮丽，阅读起来有一定难度。但是，如果读进去，你会被深深地震撼。有一定阅读能力、喜欢文学的，不妨去挑战这本书。

3. 黄仁宇。写中国历史的著作中，最有名的是《万历十五年》。作者黄仁宇被誉为美国人中写中国历史写得最好的。

你看，这些作家之所以在某一个领域成为泰山北斗，是长时间专注于某个领域所致。

品牌是什么？在群星璀璨的文学天空中，巴尔扎克、托尔斯泰、海明威、大仲马、维克多·雨果、凯斯特纳、罗尔德·达尔、林格伦、E.B.怀特、毛姆、加西亚·马尔克斯、威廉·福克纳、M.普鲁斯特、简·奥斯汀，哪一个不是一座珠穆朗玛？每个人都有自己的特色。你看——

巴尔扎克，擅长写整个社会；

托尔斯泰，被誉为"欧洲的良心"；

海明威，当过战地记者，他跑过的地方非常多；

维克多·雨果，是个人道主义者，擅于写底层人民；

……

他们，都专注于一个领域，一直持续深耕。

再比如儿童文学作家：程玮，专注于成长小说；黄蓓佳，专注于校园小说；汤汤，专注于童话；黑鹤，专注于动物小说……

他们，每个人都有自己的标识。

品牌，是长时间聚焦的水到渠成。长时间坚守，长时间专注，长时间聚焦，就有了品牌。

小老师，可以拥有大品牌

接下来，我和大家分享的是一线草根教师成长为名师的例子。你会说，被称为名师的都是特例。非也！我举例的名师，最开始都是毫不出名的小老师，都跟大家差不多。但每一棵大树，都是从小树开始生长的。小老师，完全可以拥有自己的大品牌。

1. 钱锋，做了十多年的"万物启蒙"。他原先公开课上得非常好，后来发现自己拥有通识教育的能力，于是，开始了万物启蒙课程的尝试。而今，"万物启蒙"加盟学校遍布中国大江南北，"万物启蒙"已经成了品牌。钱锋是年轻一代教师中做课程的佼佼者。

2. 朱文君，小古文课程的首倡者。她的小古文相关图书卖到了几千万册，影响了无数孩子。

3. 丁慈矿，小学对课第一人。他把对联里的内容放到课堂上，和学生练习，把古代蒙学很好地传承下来了。他在古代文化传承方面做出了自己的探索。他也是普通教师成长起来的，没有参加大型的比赛，但照样打造了自己的品牌。

4. 干国祥老师，"全人之美"已经是他的教育品牌，如今他开始研究备课。我们知道，一个品牌需要有十年时间的沉淀，"老干备课"还没有经过长时间的检验，所以我说，"老干备课"是品牌建设进行时。

5. 周其星，《彩色的阅读教室》《彩色的诗歌教室》《彩色的写作教室》就是他的作品。他紧紧围绕"彩色"来做文章。彩色、立体、多元、鲜活。"彩色的读写教室"就是星星老师的品牌。

6. 汤汤，原先当小学语文老师，和我们一样普通，但是写童话之后，在国内外口碑非常高。童话汤汤、汤汤童话，就是一个品牌。

7. 郭姜燕，江苏的小学特级教师，也写童书，她写的校园小说获得多个大奖。郭老师成了作家，同时也写出了自己的品牌。

8. 曹秋英，人称蚯蚓老师。她写小说，写学生的故事，作品在人民文学出版社出版，她写出了自己的品牌。

9. 钟杰，深圳的中学教师，班主任当得非常出色，是全国优秀班主任。她出了很多班级管理方面的书。我的书架上就有五六本她的书。

最后说说我自己。"创意写作"是我过去的品牌。我现在的品牌是什么呢？"谷里书院"。当然，"谷里书院"创办至今只有四年，所以是品牌建设进行时。感谢大家的认同与信任，我将努力不辜负大家的期待，做出一个属于自己的品牌。

你看，小老师也可以拥有自己的大品牌。

写好系列文章，锻造自己的品牌

写好系列文章，锻造自己的品牌。我提出三条路径：
1. 寻找优势，得心应手处着力
如何找到优势？优势有时候是偶然间冒出来的，所以，我们要把握时机、把握机会。

我以自己辞职之后写微信公众号为例。

2019年除夕，我写了文章《亲友们，今年春节我们取消聚会吧》。这篇文章发出后，三天内阅读量达到680多万。这个数据是我至今不能突破的天花板。

以前，我很羡慕一些人，动不动就有10多万、100多万的阅读量，而现在，我发现自己居然也有写超级爆文的能力。于是，我就产生了研究爆文的兴趣。

我拆解了300篇阅读量10万以上的爆文，拆解它的题目、话题、主要观点、行文结构……一篇一篇研究。

我发现，爆文有这样的特质：第一，紧扣热点。包括当下发生的新鲜的、火热的、众所周知的热点事件。第二，抓住痒点。比如说"减负"。第三，抓住痛点。主要是长期得不到解决的，但是又非解决不可的这些问题。第四，干货满满。

经过这一系列研究、实践、总结之后，我写微信公众号的思路发生了微妙的变化。

过去，我老想着自己是个读书人，我要在文章里把我的学问讲透、展示自己的专业。但是，我发现微信公众号表达不是这样的。它首先要吸引读者，让读者爱读，让读者觉得有获得感。

我要把做学问的思维变成做产品的思维，让我的读者朋友读后有启发、有收获。

这是重要的思维方式转变。

有了这个"求变"意识之后，我后来写的一系列文章，很多能站在读者角度去切入。有一句话叫作："要想改变他人，先要改变自己！"自己改变了，别人也许会跟着改变。

英国西敏寺教堂主教的墓志上有一段非常有意思的话："当我年轻的时候，我梦想改变这个世界；当我成年以后，我发现我不能改变这个世界，我将目光缩短了些，决定只改变我的国家；当我进入暮年以后，我发现我不能改变我的国家，我的最后愿望仅仅是改变一下我的家庭，但是，这也是不可能的。当我现在躺在床上、行将就木时，我突然意识到：如果一开始我仅仅去改变我自己，然后，我可能改变我的家庭；在家人的鼓励和帮助下，我可能为国家做一些事情；然后，谁知道呢？我甚至可能改变这个世界。"

从身边的一点一滴开始改起，你会发现，周围人也随之改变；哪怕我们改变不了周围人，至少我们自己改变了，这也是积极的人生态度。与其责备别人不顺从我们，不如去想想我们可以为这个世界做些什么？

找到优势之后，我们还要巩固与强化优势。

怎么做呢？两个字——"盯"，眼睛牢牢地"盯"；"钉"，榔头敲进去的"钉"。看到了热点，看到了痒点，看到了痛点，认真地把它写出来。一天两天三天……坚持下去，你总会写好文章。不要轻易放弃，牢牢地盯着它、钉住它。于是，我写出了一系列爆文——

《学生天天在过节，哪有时间去读书？》

《假如没有寒暑假，谁还愿意当老师？》

《减负能否成功的关键是地方行政长官的教育政绩观》

《老师为何为难老师》

《一线教师生不起病》

……

后来"大夏书系"的编辑主动向我约稿，随后就出版了教育随笔集《教育可以不同——让教育多一种可能》。当初没有想到要写一本书，但有意识地聚焦热点、痛点、痒点、干货，我写出了一系列的文章，无意之中竟写成了一本书。

这就是从优势出发，寻找着力点。

2. 多年深耕，板凳甘坐十年冷

从 2004 年到 2022 年，整整 18 年时间，我一直在做电影课程，而且这个电影课程未来还会再生长再发展。你看，板凳甘坐十年都不止，将近 20 年了。

从萌芽到觉醒，再到系统开发，再到升级开发，朝一本书的方向不断提升。后来我写了《光影中的创意写作》，并在 2018 年 5 月出版。

这本书是怎么写出来的？最初，我是无心插柳；渐渐地，我开始用心地、系统地写。写什么？我把我的课堂实录记下来，把老师与学生的对话写出来。

课堂上有些特别有意思的片段，我用写故事的方式，把它们写成一个个教学叙事。

后来，我问自己：电影课程教学的策略是什么？电影课程怎么开发呢？它的目标、内容是什么？怎样实施与评价？于是，我围绕着这些内容，又写了若干篇论文。

最后我又想到，开发电影课程，它的课程意义和价值是什么？于是我就用成果去逆推，推出了教学策略，推出了理论综述，相当于一本书的绪论。

这就是品牌的生长，先从具体的一节一节课例、一篇一篇文章入手，再进行理论的梳理，再上升到课程的顶层设计；就这样一步一步，有意识地朝着一本书的方向去整理你的文字，就可以写出一本书。

这就是课程，它是生长出来的。

3. 持续输出，把一个点打透

这下面没有水，再换个地方挖。

这幅漫画讲的是一个人拿着铁锹到处挖井。挖了2米，没有水，停了，换个地方；又挖了3米，没有水，又停了，再换个地方；又挖了9米，只差一米就够到水了，但是他又停了……于是，他挖了很多口井，最终却什么都没有挖到。

宁掘一口井，不挖千条沟。往深处打井，最终会打出井水。

我们持续输出，要从某一个点开始。有了一个点，才会有一条线；有了若干条线，才会有一个面；有了一个又一个面，才有可能形成一个多维的、立体的东西。

万事开头难。比方说，我要写自己是怎么听课的。我把当年在学校里听的课，到了城关之后听的课，追着名师听的课，以及后来听自己的课的历程，写成《我的听课史》，在我的微信公众号发布。朋友们觉得很有意思。我想，大家既然对我的听课史感兴趣，也许可以把它写成一个系列。我就列了一个提纲——听课史、仿课史、磨课史、裸课史、说课史、评课史、辩课史、换课史、败课史。课有九史，有成功的，有失败的，这九个课史完整地写出了我对好课的认识。这九个课史收录在《给语文教师的新建议》一书中。

这就是系统思维。

关于公开课，我也写过系列文章。我先写了《鸬鹚捕鱼·孔雀开屏·牧童放羊——关于公开课的三个隐喻》。我又补充说明，写了一篇《关于我的公开课的忧思》。我后来还写了一篇《中国式赛课可以休矣》。

你看，从一个点开始，辐射开去，可以把一个点打透。

曹秋英老师，一开始写了一两篇关于学生的文章，被我的公众号转载。后来，她研究冯骥才的《俗世奇人》受到启发，试着用小说的笔法来写自己的学生。咯咯元话多，上课讲话，下课讲话，很幽默；思思怡慢悠悠。还有小亮仔、溜溜溜、冰激凌、牵牛花、寒站站等，每个学生的特点，她都通过3~4个小故事写出来。最后写成了《从憨憨到敢敢》这本书。文字诙谐幽默，画面感十足。后来她又跟数学老师合作，写了神奇的数学故事《登陆冒险岛》

《丛林奇遇记》，写得好极了。

我选取《从憨憨到敢敢》中关于咯咯元的几段话：

> 跟咯咯元相处久了，我越发觉得他像只母鸡，咯咯哒咯咯哒，没完没了。
>
> 早读铃声响起，孩子们相继拿出语文书，在领读员的带领下，放声朗读。整齐划一的语文书，立在每一张桌子上，除了咯咯元。他埋着头，手摊在抽屉里，不知在忙活着什么，那么投入，那么沉醉。
>
> 我走到他旁边，也许是感受到了我的强大气场，也许是我的一双脚落入了他的双眼，他总算把语文书从抽屉里拿了出来，半捧着，嘴巴张张闭闭，却没有丝毫声音。皱皱的一小粒纸，还在他的手心里，藏在语文书与手掌间。我的眼睛，恰好瞄到。我伸出手，拨开他的手掌，拿走了小纸粒。
>
> 一圈又转回到了咯咯元边上，书是立着，手也忙碌着，五指敲着桌子，哒哒哒，哒哒哒，韵律感十足。好家伙，语文书哪里动过了，已经换了一篇课文了，他还在前一篇。我拍了拍他的肩膀。
>
> "啊！"他捂着嘴巴，这才反应过来，站在他后面的是何许人也。他装模作样地拿起书，哇啦哇啦读出声音。哇了两声，他又歇了气；看我没移动，哇呜哇呜，没了动静；真像只刚睡醒的母鸡，懒洋洋，惺惺然。

顽皮、淘气、可爱的孩子！形象呼之欲出。曹老师写出了自己的品牌。

安徽的汤枚老师，她的公众号"一枚叶"粉丝数估计不到 8 万，但是她的头条阅读量有时会超过我公众号的阅读量，我真的是羡慕嫉妒恨。

汤枚老师写作的最大技巧就是无技巧，她想写什么，就把这个主题放在题目中告诉大家，一目了然。所以，有的时候无技巧，就是最大的技巧。而且她的文章内容具体、精准、聚焦、实用，对读者有帮助。

庄丽如老师，也是我们谷里写作营助理导师之一。她写了好几个系列的文章，光诗歌叙事，就写了二十几篇。她组建了一个诗歌社团，她把孩子们怎样读诗学诗的过程用诗一样的语言写下来，一篇一篇更新。后来，周其星老师准备带着大家出一套书，庄老师就入选了。她以第一编者的身份编了一本书，叫作《想象是一条鱼》。丽如老师还是个才女，你看她自己写过诗集《爱在边缘》，她跟谭旭东一起主编过《60个孩子的诗》，她还主编过《写作真好玩》。这些书都是一个系列一个系列写出来，然后整理而成的。

苗旭峰老师在"大夏书系"出了一本《优秀班主任悄悄在做的班级管理创意》。这是书中的部分文章标题：

《创意一 开学课程，让开学季"温柔了时光"》
《一份"情书"，让相遇"未成曲调先有情"》
《一份调查问卷，我不认识你，我已懂得你》
《小细节为"初相见"添温馨》
《开学季，别忘了给家长写封"家书"》
《创意小纸条，让孩子把荣耀带回家》

她紧紧围绕着"创意"来写。比如开学前，还没有跟学生见面，她先把学生的名册收集起来，把全班同学的名字编入到一篇小故事里去。

阳春三月，东方栩晗，光未而怡霏开，万道景瑞洒落在波涛文浩的海面上，一座美丽的珈屿犹如一只小蓝鲸，在碧波中静怡地游弋，看上去无比璟妍。

来自闽豫的两位少女，宝妮和嘉婧，沿着清澈见底的子淮，溯游从之，走向巍巍高耸的文岳。一路上，泽楠十分俊超，敏桦下游人茵依，子萱上闪烁着晶莹的露露，新雅别致。

少女拾阶而上，只见绿树掩映中的嘉城，分外铠豪，门前立巨柱一根，曰永桓；有窗三扇，曰艺轩、大梓轩、小梓轩。窗前坐两位翩翩少年，一睿彬，一哲楷，品茶下棋，俱怀逸兴壮思飞；茶几上两幅艺术品，曰艺桢，曰艺嘉；少年脸上的神色，时而思彤，时而思涵；少年心事浩茫，时而涵恩，时而宇涵。

许久，一少年蔡凯，对酒当歌许诺：

我今方年少，正欲展翅飞。

另一少年晰诺：

折桂同载酒，不负少年游！

此刻，晴风暖阳下，碧海蓝天之间，一艘大船已然启航！风物如此梓妍，苗老师不觉心然，饱蘸子墨，书写当下美好，是为记，子铭且益铭！

学生读的时候，特别兴奋。老师让孩子们读到名字的时候站起来亮个相，并解释自己的名字。孩子们感到特别新奇："哇，老师好有才好有心！"

后来，她把文章发布在微信公众号，评价很高。这样的老师，满满的创意，满满的浪漫，满满的才情，学生怎么会不喜欢？

苗老师的班级文化建设有创意，班干部培养有创意，活动创设有创意，个体教育有创意，评语写作也有创意。她围绕着创意，做了一系列的事情，就是把一个点打透了。

那么，怎样把一个点打透？

聚焦！聚焦在一个点上。阳光折射才能够把一束火柴点燃。时间要聚焦，力量要聚焦，领域要聚焦。

长时间聚焦，把所有力量都聚焦在某一个点，聚焦在同一个领域，只有这样，才会有燃爆的可能。否则的话，今年做绘本，明年做古诗，后年再做群文阅读，或者做大单元……貌似每一个点都在做，其实每一个点都浅尝辄止，没有深入下去。这样做，你注定是打酱油、跑龙套的。跟着别人到处跑，永远找不到属于自己的方向。

这是一个信息过剩的年代，这是一个名师辈出的年代，这是一个概念满天飞的年代，这是一个创意层出不穷的年代。如果你没有定力，没有自己的价值观，没有自己的判断力，你有可能被别人牵着鼻子走。

哲学家唐君毅在《人生之体验续编》中说过这样一番话："有些东西我们要视而不见，听而不闻；有些世界或中国之名人，我不必求认识；有些群居终日言不及义的聚会，我不必去参加；有些哗众取宠的演讲，我不必听；有些浮游无据的文章，我不必看。人必有所不为，而后可以有所为。人之有所不为，即人之精神向自己凝聚的开始，而求内在的心灵的开始。"

我们要开发自己的心灵，凝聚自己的心灵。一个心灵能凝聚而自求开发的人，必当自己建立精神家园。

面对时代的潮流，面对大众的风向标，我们要静下心来，想一想：它真的好吗？真的适合我的班级吗？真的适合我自己吗？其实我们不必产生过多的学习焦虑——这本书没读，我就失去了多少；那本书没读，我又失去了多少。一旦所有的书你都想去读，可能所有的书都读不懂；因为你没有时间去搞懂它们。我们对未来最大的慷慨，就是把今天的时间花在美好的事物上。我们要学会拒绝，学会坚守，学会无视。

什么事情都全力以赴，是一种恶习

找到自己的长处后，怎么聚焦？请大家看这三个圆圈。第一，做这件事情，我有没有主观能动性，是不是我主动想去做的？第二，做这件事情，有没有可持续性、我能不能长久地做下去？第三，做这件事情，未来转化为成果的可能性有多少？

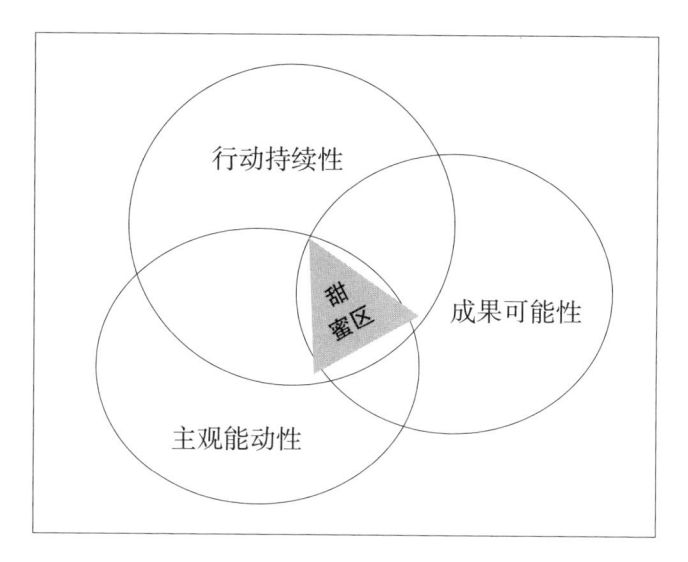

```
        行动持续性
              甜
              蜜区    成果可能性
       主观能动性
```

聚焦之后，你会发现这三者交会，形成了甜蜜区。这一个小小的区域，也许在外人看来渺小如蚁，你一旦深入下去，就会成为浩瀚的大海。

进入到聚焦的领域后，你还要发散思考：这个领域有哪些值得我们研究的地方？

关于班主任，你能想到哪些热点、痛点、痒点、焦点？

比方说中途接班，接到一个糟糕的班级怎么办？接到一个很优秀的班级怎么办？遇到一些特殊儿童怎么办？如何培养得力的班干部队伍？微信群怎么管理？调皮学生怎么管？怎样保持流动红旗长期在班级里？如何做好家访？如何与学科老师协调？主题班会怎么开？节日节气教育怎么做？教室怎么样布置温馨有创意？座位安排怎么最科学？怎样给学生过集体生日？怎样有创意地写品德评语？男女生之间如何健康交往……

你会发现，关于班主任工作的问题还真多，你可以写出一系列的文章来。

再比方说，围绕"职初老师"，你可以提很多问题：第一次家访怎么办？第一次家长会怎么开？如何让师父愿意教自己？怎样听课？怎样安排座位？怎样管理微信群？怎样让学生快速地安静下来？学生受伤了怎么办？家长投诉怎么办？怎样与同事相处？怎样收集作业？怎样树立自己的威信？怎样制定班规？怎样讲评试卷？怎样拒绝家长的不合理要求？怎样让学生喜欢听自己的课？怎样管理乱班？接手特别优秀的班级怎么办？接手特别糟糕的班级怎么办？第一次亮相课怎么上？怎样着装才合适……

问题罗列出来之后，你可以从中随机选择50个题目，运用写书的思维思考：那么多内容，我该怎么办呢？我们可以先将这些问题分类。

有些问题涉及人际沟通——新教师怎样处理好跟领导的关系，跟同事的关系，跟师父的关系，跟家长、学生的关系……

有些问题涉及教育常规——第一次集会、家长会、家访，班规制定，班干部队伍建设，班级文化建设……

有些问题涉及教学常规——文本解读，说课、备课，听写，收作业，改作业、改作文，监考，讲评试卷，反馈成绩……

有些问题涉及校园安全——食物中毒、应急处理……

也许，你可以梳理出5点、6点、7点……梳理完，你再想想：这样梳理有没有逻辑性？如果有逻辑性，你就可以把章节排好，一本书的框架就出来了。

李海波老师是一个海岛乡村学校的老师，他阅读《人是如何学习的》《教育的目的》《教师阅读地图》《金字塔原理》，写了多篇读后感，每一篇质量都很高。他目前虽然只写了4篇，但如果一个月写一篇，一年就有12篇，两年就写出一本书了。

一线教师汤汤（写作营学员），写了80个绘本故事。她只要把每一个故事稍微拓展一下，再梳理分类，比方说节气、生命教育、月亮、爱、大自然、悦纳、情绪管理……有意识地分类去写，几年之后就可以出一本自己的书。

聚焦—发散—归类，这就是思维方法。我认为思维方法是最重要的。

前面多次提到的成都的陈琼老师，她把她的微信公众号中阅读量超过3000的文章都发给我，包括家访日记、班主任工作日记、教学叙事等，但是没有重点。我帮她梳理之后，发现大部分文章都跟班主任工作有关——班主任暑假研修高级进阶方式、中途接班、开学季的三个关键、值班安全秘籍等。陈琼老师只要稍微努力一下，就可以出一本关于班级管理方面的书。

有的时候我们要用心去规划，有的时候我们要自然生长，刚好遇见。

就像我的散文集《刚好遇见》，也是生长出来的。求学的故事、小时候的故事、跟朋友们的故事等，这些内容组合在一起，就有了这一本书。

后来，我把自己在蒲公英大学的课程整合成 12 讲，又有了一本《从课堂到课程》。这本演讲录真正做了 6 年，也是自然生长出来的。

【结束语】

以长线思维，树立品牌意识；以品牌意识，驱动自我成长。

这样的成长，不是靠传授实用的成长技法，而是从道德层面唤醒一个老师的内生力。一个有强大内生力的老师，"不用扬鞭自奋蹄"，会持续专注某个领域，持续朝着一个方向深挖，持续输出研究成果，最终朝着"成为卓越教师"的目标稳步前进。

第十二讲

你也可以写一本属于自己的书

终于谈到出书的话题了。这一讲,我们来聊一聊每一个普通人出书的可能性。

人,总是要有梦想的

我先做一个小调查,你为什么打开这本书,或者来到了谷里写作营?关于这个问题,我收到过许多老师的答案:

为了看风景;提升自己,影响孩子;成为合格的语文老师;想提高写作水平;记录有价值的生活;加入一个组织,鞭策自己,突破自我;想要更好地成长;成为点灯人;想改变拖延症;因为我就想来;出一本教育著作……

同样一个问题,答案是千姿百态的。目的不一样,心态不一样,投入也会不一样。

有的老师是直接奔着出一本书来的;有的是为了学写论文,能够让自己的论文发表或获奖；有的是为了提升写作力；还有的是为了突破自己，改变自己，遇见更好的自己。

无论怎么样，我希望每一个老师都能够学有所得，成为更好的自己，不让此生虚度。我们要向下扎根，向光而生，成为自己想要的样子。

每一个老师，真的可以写一本属于自己的书吗？也许，你会打一个大大的问号。

其实"书"的出版，如今远远没有那么难。它既指的是正规出版的书，同时也可能是仅在内部使用的册子。一旦你把"书"的概念做个扩展，这样的"书"，我想每一个老师都是可以出的。如果一开始不能出版一本正规的书，你可以先做一本某个领域内部使用的小册子。这个"书"既可能指的是实体的书，也可能指的是电子的书。我们再说得宽泛一点，拥有一个有几百篇文章的微信公众号，这个微信公众号就是你自己出的书。

真的，出书梦想，并不遥远。只要你愿意持续努力，愿意持续不断地写作，每个人都可以出一本属于自己的书。

我的第一本书和第 N 本书

2008 年的某一天，我接到了一个陌生男子的电话。在反复确认是邀请我出书后，我大概花了四个月时间整理自己过往的文字。很快，一本书就出来了，这本书就是大家看到的《张祖庆讲语文》。

这本书第一部分讲的是我的语文人生，自己所走过的路、自己上公开课的经历、自己的阅读史，再讲了一些朋友的故事。第二部分讲的是我的语文教学理念，我把写过的相关论文整理了出来，再把 2004 年到 2008 年间我所上的精品课堂实录和专家点评放进去，最后摘了一些语录。

这本书，是我的第一个孩子，它不成熟，但它是我人生中跨出的重要一步。

这是一个书系，作者包括黄厚江、李海林、余映潮、王军、程红兵、赵谦祥、胡明道、王崧舟、周盛凤、武凤霞、王雷英、吉春亚、周益民、祝禧等特级教师。我这个非特级教师，居然被邀请加入这套书系，这对我来说真是受宠若惊。不是特级，为何能入选呢？关键在于，那时我在"人教论坛"上折腾了很长时间。

2004年5月，我在浙江"西湖之春"上了一堂"詹天佑"，这是我第一次到省城上课。我把自己的课堂实录整理出来。后来误入"人教论坛"，我就把这个课堂实录发到了"人教论坛"，结果遭到了大范围的批判。这些批判，现在想来，仍让我隐隐作痛啊。

后来，大家慢慢就习惯了这样的交流方式。大家彼此不熟悉，但有着真诚，所以我也就爱上了这样的分享。我把自己的教学片断、课堂反思、课堂实录、教学随笔、教育故事，甚至把过去写过的一些论文改头换面，发到自己的帖子"平凡每一天，温岭祖庆教学耕耘录"上。

有老师问，祖庆老师，你有那么多时间写文章吗？

写作冲动一旦激发了，不写会憋得难受啊。就像郭德纲，你让他上台站着看别人讲相声，他会憋得难受。喜欢写作的人，一旦闸门打开，文章会自然流出来。加上很多人互动、跟进、点赞，更是激发了我。那个时候，我真把"洪荒之力"都使出来了。下课了写，下班回家写，外出讲课回来写，就这样，写了五六十万字。误打误撞，就有了第一本书。

偶然的触网写作，甚至改变了我的整个生命状态。我始终跟互联网走得很近，从论坛到博客，到微信公众号，到现在的视频号，我一直紧跟时代。

从第一本书开始，我的写作之路就一发不可收拾。据不完全统计，这些年，我出版的书，应该有五十多本了。原创的学术作品十本，给学生编的有四十几本。

所以，从第一本书开始到第N本书，我也不知道未来还会出版多少本书，但是正因为有了"1"的突破，才有了后面不断的增加。

当然我也不是说书越多越好，书还是要认真写的。比如说《从课堂到课程：

教师专业成长十二讲》，这本书我整整做了六年。

眼睛朝向儿童，草根也能出书

拿破仑说，不想当将军的士兵不是好士兵。祖庆老师说，从来没想过成为歌唱家的歌手，不是好艺人。祖庆老师还说，从来没有想过出书的老师，也是好老师。为什么呢？因为把学生认认真真地教好、把本职工作做好，不出书，同样是好老师。

当然，有出书梦想的老师，更是好老师。

我前面多次提到的曹秋英老师，从来不是天赋型的老师，她上公开课，上得也并不出色，后来写文章也写不出什么名堂。赖建平老师让她写教学反思，写教育故事。后来，写着写着遇到了谷里书院，开了一个微信公众号。她开始写学生的故事，写着写着，文章转载到"祖庆说"，被编辑看到了，于是，人民文学出版社出版了她的以学生为原型创作的校园小说集《从憨憨到敢敢》。

你看，曹秋英老师在写什么？在写故事，写学生的故事和学生喜欢读的故事。因为她深深地知道，每一个孩子都是独一无二的。我们把眼睛朝向儿童的时候，就会发现源源不断的素材，就像马拉古奇说的：

不，就是一百种
儿童
由一百种组成。
儿童有
一百种语言，
一百只手，
一百种思想，
一百种思维方式、

游戏方式、说话方式。

一百种方式

聆听、惊喜和热爱，

一百种喜悦

去歌唱和理解，

一百个世界

去探索，

一百个世界

去创造，

一百个世界

去梦想。

儿童有

一百种语言

但有人偷走了九十九种。

就是学校和文化

把他们身心分离。

作为一个有责任心的、真正优秀的老师，会努力还原这一百种儿童。所以我说：

眼睛向下，去研究一百个不同的儿童，教育就有数不完的精彩；笔尖朝下，去书写一百个不同的儿童，教师就有写不完的故事。

出过书的草根教师，不仅仅只有曹秋英，还有很多：汤汤、郭姜燕、吉忠兰、苗旭峰、冯稳秀、杨娟等。

汤汤，童话作家，浙江师范大学人文学院教授，作品曾经被翻译成英文、法文、日文等。

汤汤原先也是一个很普通的老师，因为在一次文学培训当中受到了启迪，她突然发现自己能写童话，从此写出了一系列很精彩的童话。我认为，汤汤在当代中国称得上是大师级的童话作家，未来 20 年、30 年，汤汤的名字一定会长期留存在童话创作领域。

吉忠兰老师，一直在做儿童阅读推广，花了 20 年时间，出了两本书。一本叫《童话的阅读与教学》，另一本叫《从整本书精读到群书阅读》。

谷里写作营资深学员、第四季写作营助理导师冯稳秀，去年、今年、明年是她的丰收年，她有 7 本书签约了清华大学出版社、机械工业出版社，其中有一本书是《电影里藏着的作文写作密码》。

在谷里写作营，还有一大群这样的一线明师。他们一直在各自的领域深耕，一篇又一篇地完善自己的文章。我相信，这些老师也会很快迎来自己的第一本书。

哪怕你目前还没有办法真的出书，也可以把微信号或者视频号经营得风生水起。哪怕不聚焦，文章写得很多很杂，没关系，自己翻着翻着就好像在读自己的书一样，亲切、自豪，满满的成就感。

关键是，做得精彩才会写得精彩。一线教师写作，不是挖空心思挖出来的，也不是一拍脑袋拍出来的，而是先干出来、再梳理出来的。

如果你光有远方的梦想，却从来不愿意迈出第一步，那你只能做白日梦，永远在脚下的这片土地上待着，一动不动。远方，从来都是从脚下的第一步开始的。

但是动笔之后，老师们还是会遭遇三大常见写作障碍：

第一是无法进入写作状态；

第二是不知道写什么；

第三是不知道怎么写。

接下来，我就围绕这三大障碍，把解决方法分享给大家。

如何进入写作状态

无法进入写作状态，是很多人的通病。很浮躁，静不下心，写不出东西来。我参考有关书籍，结合很多学员，包括我自己的写作经验，提出四个策略。

策略一：微信随时分享。

我们要养成每天分享一两条微信的习惯。我习惯把微信朋友圈当作日记本来记录。

分享不是为了给别人看，也不是为了赢得别人的点赞，而是为自己的生命存档。

策略二：备忘录随手记。

突然想到某件事蛮有意思的，随手在备忘录中记下来。我最近就在自己的"素材随手记"里，记了这样一些题目：童年恶作剧、童年的玩具、怕狗的故事、旅游的乐趣、越剧情缘、我读《红楼梦》、2024年最想重读的书、洱海日出、甘蔗直播架、写书房与书斋、窃书记、我的拿手菜、家乡陋习……

记什么都可以。心有触动，随手一记，都是宝库。

策略三：涂鸦式写作。

这个写作方式可以打开你的思维。怎么做？

第一步，冥想一刻钟。可以放音乐，也可以不放音乐，脑中冥想，想啥都可以。

第二步：要记录。冥想完之后，把刚才想到的或者冒出来的念头，在纸上记录下来。

第三步，允许写出最烂的东西。20分钟后，你会发现，一张纸上写了满满的东西，你会感慨："这个句子居然写得这么好。"这是灵感大爆发。你会忽然觉得，不是你在写作，而是灵感带着你跑。句子自己会长出来，自己会张开翅膀带你飞翔，这真的很奇妙。

第四步，要精确。一辆车开过，你不要只说一辆车开过，而要把名字、颜色、气味、质感等，都描述出来。

第五步，要松弛，不要紧绷。不要停下来，就随着自己信马由缰，比如："今天晚上的学员们，状态非常好，同步在线的有七八百位，有3272人次读过，第一讲这么多人捧场，我觉得真幸运……"什么都可以写。

这种冥想涂鸦式写作训练，练习半个月，你会发现，自己的想法纷至沓来，有写不完的题材。这个涂鸦式写作，不是发在公众号上，而是列在草稿纸上。这些草稿纸保存起来，你过几天再去看的话，会发现：我曾经想到过这些，太有意思了，当时咋没有感觉呢？你过几天又会想：哟，这个题材我怎么不写呢？来，今天写这个。你会发现有很多内容可以写。

策略四：清单式写作。

清单式写作是另一种刻意练习，比方说："我背负着什么……""最简单的事情是什么……""我是谁……""死亡之前我想做什么？""（　）在我生命中留下了……"

我背负着什么？我背负着责任。最简单的事情是什么？对我来说最简单的事情就是写作，对我来说最简单的事情就是做家务，对我来说最简单的事情就是上课。

我是谁？我是一个25岁孩子的爸爸，我是一个正在讲作文的老师，我是一个语文老师，我是一个有责任心的人，我是一个很脆弱的人，我是一个……

还有，"死亡之前我最想做什么？"你是不是也可以写出很多句子来？这就叫清单式写作练习。

接下来，我给大家读一首诗。

亚利桑那州的峡谷镇上的垃圾场

棒球场

大角山脉

六十六号公路

购物中心

飞往洛杉矶航班

3D 座位

弗吉利亚洲一座士兵的墓冢

郊区房子的后院

这些是什么？都是地名。但是有的人加上第一句话，它就变成了一首诗。

这是一本诗集

传达的是诗人对美国某个地方的迷恋

仅此而已

亚利桑那州的峡谷镇上的垃圾场

棒球场

大角山脉

六十六号公路

购物中心

飞往洛杉矶航班

3D 座位

弗吉利亚洲一座士兵的墓冢

郊区房子的后院

第一句话是整个清单式写作的核心。先写出一个句子，然后围绕着这个句子把相关的地名、相关的事件、相关的句子写出来，就相当于总分写法。我再举一个例子。

著名诗人艾伦·金斯堡，曾经写过一首诗，叫《伯克利一间奇怪的小屋》：

整个下午都在摇摇晃晃的棕色篱笆上摘黑莓
低矮的树枝，树叶底下垂满腐烂的老杏
在新马桶精密的肠道结构中修复漏水之处
在门廊旁的藤蔓里找到一个不错的咖啡壶
从猩红的灌木丛中滚出个大轮胎，把我的烟藏起来
弄湿花朵，洒满阳光的水逐一在它们身上弹奏
返回来再多给四季豆和雏菊一些神圣的浇灌
绕着草地转了三圈，心不在焉地叹气
我的奖赏，花园从角落一棵小树上摘下李子喂我
一位天使关心我的胃，和我那为爱痛苦的干涸的舌头

他也用清单式来写，你看，"伯克利一间奇怪的小屋"；你也可以写，"杭州一间奇怪的小屋"。

每个人都可以训练，你会发现原来你也会写诗啊。你把脑海里有可能出现的意象，一组一组写出来，你就写出了一首属于你的诗。比如球场上有一个奇怪的小男孩……然后你顺着写他奇怪在哪里——随意想出一个句子来都可以。

波兰诗人切斯拉夫·米沃什也用清单式写作：

如此幸福的一天。
雾一早就散了，我在花园里干活。
蜂鸟停在忍冬花上。
这世上没有一样东西我想占有。
我知道没有一个人值得我羡慕。

任何我曾遭受的不幸，我都已忘记。

想到故我今我同为一人并不使我难为情。

在我身上没有痛苦。

直起腰来，我看见蓝色的大海和帆影。

多好的一首诗，雾、蜂鸟、忍冬花、蓝色、大海、帆影，把所看到的事物罗列出来、编织起来，它就成了一首诗。

我给大家布置个作业，请大家选择下面几句话中的一句，或自己想一句话，以列清单的方式，写一首属于你的诗：

这才是我想要的生活！

这才是我想要的教室！

我梦想……

"这才是我想要的生活"，你可以想象若干个场景：在蓝天下，洱海边，草原上，篝火旁……你可以写出七八个场景。

打开你的脑洞，你会发现写作原来是这么简单。

我曾经写过一篇文章，也是用清单式写作写的：

我梦想，减负，不再是一次又一次"狼来了"；

我梦想，班主任不再累得像条狗，而是做个正常的人；

我梦想，各类培训能够真正有用、管用，不再打着福利的名义侵占老师们的休息时间；

我梦想，寒暑假不再轻易被剥夺，双休日不要轻易被挪用；

我梦想，我们的学校要安静点，再安静点；

我梦想，教育科研不要那么急功近利；

我梦想，教师被当作正常的人，得到正常的休息，获得正常的尊重，享受正常的权利；

我梦想，我们的教育拥有良知和底线，不再以爆炒热点为自己的生存之道；

我梦想，"教师享有公务员待遇"不要成为永无止境的承诺，而要马上变成马上执行的政策；

我梦想，所有教师都能不忘初心……

虽然其中很多梦想都没有实现，但至少当年读过这篇文章的老师会感同身受。每一篇文章都不是白写的，都是有价值的。

微信随时分享；备忘录随手记；涂鸦式写作；清单式写作。围绕一个总起句，列出一些地名，列出一些句子，列出一些场景，然后就发散开去。你会发现，写作原来这么简单，你只要想到第一个句子，后边的句子就来了。

所以，写好第一句话很重要。

如何破解"不知道写什么"的障碍

在前面的章节里，我们已经一起探讨了如何开发自己的写作素材。我简单地重述一下——

第一，从我入手，寻找属于自己的句子。

我是谁？你的名字、你的长相、你的性格、你的脾气、你的爱好，都可以写。你也可以写自己的亲人，写自己的朋友，写出他们的特点，写出他们的故事。

哪些经历塑造了我？高光时刻、灰暗时刻、尴尬时分，旅途当中最难忘的故事。那些有画面感的、故事感的照片，把它们的故事写出来。

哪些书滋养了我？写一写自己读过的书，古代的、现代的、中国的、外国的，文学的、非文学的，理论的、实践的，等等。

第二，从专业入手，寻找自己的优势领域，建造属于自己的王国。

班级管理、家校沟通、课堂教学、课程建设、整本书阅读、绘本读写，都可以。把优势领域放大，会有源源不断的素材。

再说说文体。一线教师最适合写的文体有三种：随笔、叙事、札记。

1. 随笔

除非你要发表、评职称，平时不要轻易去写论文，而要多写随笔，可长可短。写一个教育小故事，阐述自己的想法，这就是教育随笔。好的随笔有什么特征呢？李政涛说有三个字：

一是"随"。你上了一堂课，随便写几句话，记录一个教学片断，它不一定成文，但随心所欲，无拘无束。笔随心动，笔随意动，笔在心在，笔心合一。

二是"真"。无须虚构人物和故事情节，细节都是真实发生的，具有真性情。

三是"常"。写的是日常、家常、平常，人人都能写教学随笔，你要从教学随笔开始写。

比方说，祖庆老师曾经写过一篇文章叫《万物静默如斯，课堂静默如谜》。我从当下课堂的浮躁开始写起：

几天前，广州赛课。听说两个会场加起来，七八千人。因临时有事，无法赴这场空前盛会。于是，默默关注前方朋友们发来的图文。这样几条微信，引起了我的注意——

"听一天的课，实在太吵了，头嗡嗡作响。盗用朱光潜《静的休养》一文，作为观后感，也作为对自己的警示。"

这样一种课堂，怎么办呢？接着，我开始分析：

李政涛教授说过这样一段耐人寻味的话："教育的本质一定是静默的，而不是喧嚣的，因为人的成长，是内在的成长，其过程必定是安静而且朴素的，而不是招摇和华丽的。"是的，任何生命的成长，都是在静默中发生的。细胞分裂、血液流淌、身体长高，抑或种子发芽、花朵绽放、果实生成，都是在静默中完成的。"万物静默如谜"，万物生长如谜。生长，从来是静悄悄的，而不是彩旗招展、锣鼓喧天，更不需要喧哗与躁动。

　　课堂，是师生生命栖居之所在。生命需要热闹，也需要安静。在安静中，积蓄能量，生长智慧；在热闹中，释放能量，传递智慧。倘若我们的课堂自始至终，都处于极度亢奋之中，人，就容易被这种亢奋所伤害。极度的亢奋，破坏了动静之间的平衡。

继续写，课堂怎么样安静？我以于永正老师的课堂为例子，阐释了安静课堂的魅力：

　　好的课堂，一定是疏密相间、动静相宜的。最近，细细品读于永正先生的"高尔基和他的儿子"一课。我发现，于老师的这节课，大部分时间，是静默的。

　　学生在老师的指导下，静静地练习写字，静静地朗读课文，静静地批注文本，静静地仿写回信。安静，占了课堂的一半时光。但是，学生的思维，却是静水深流的。批注课文和写信，表面上看，是非常安静的。但对话却进行着，这是学生和文本的深度对话，也是学生和自己的深度对话。这种课堂，正如一句诗所形容的"禁闭的唇中含着生存的奥秘"。就是在这样的安静中，学习悄然发生，思考悄然进行，智慧悄然增长。

我接下来分析，于永正老师这样安静的课堂，有什么样的优点：

这样的课堂，是"理性"而又"激情"的。这种理性的安静，首先表现于教师在课堂上的安详与淡然，不催促、不喧闹、不抢镜、不刻意调笑、不取悦听众。教师，只是学习共同体中的一员，安静地行走在学生中间。学生坐姿歪斜的时候，扶一把；学生学习困难的时候，帮一把；学生有精彩发现时，点个赞；学生学习遇到挫折时，鼓鼓劲。教师，也不当所谓的"平等中的首席"，而像一个主持人，不停地给学生递话筒，把舞台交给学生，自己退到一角，点头、微笑，遇到争执不下，不急于表态，不断引发思考。在这样的课堂上，学生，是永远的春天，教师是"报春使者"，"俏也不争春，只把春来报"。这样的课堂上，教师就像"黑夜默默地绽放花儿，把赞美留给白昼"（泰戈尔语）。

这样的课堂，不虚张声势，不刻意求新，也不会故意制造笑声博取眼球，更不会弄些噱头证明创新。这样的课堂，教师，是一个安静的聆听者、期待者、激励者。教师，就像农夫守望土地一样，安然静待生命花期的到来。

当然，静默的课堂，并不排斥该有的热闹和精彩。就像水烧着烧着会沸腾，种子埋着埋着会发芽，歌唱着唱着会进入高潮，课堂，会按照自己的节律，走向它该有的激情。

动情的诵读、激烈的辩论、传神的表演乃至舞之蹈之，都是水到渠成的华彩乐章。安静之后的热闹，理性之后的激情，都是课堂张力之所在。当然，绚烂之后，必定复归于平淡。课堂，又会回归它的静默。"虽然语言的波浪总是环绕着我们，但是我们内心深处却永葆沉默。"

最后，我呼唤课堂静默的归来：

课堂，呼唤静默的归来。

静默的课堂，需要教师拥有一颗安静的心。教师要不被声色所役，不被名利所惑。老子曰:"五色令人目盲,五音令人耳聋,五味令人口爽,驰骋畋猎令人心发狂,难得之货令人行妨。是以圣人为腹不为目,故去彼取此。"教师唯有面向学生,一切以学生的发展为首,才能做到安安静静、从从容容。

这样的老师,才能拥有心界的空灵,不会为外界的喧闹所干扰,以自己的方式前行,上自己想上且愿意上的课。

这样的老师,才会清晰地认识到,那些开满鲜花的公开课,只是一时的"梦幻泡影""如露亦如电"。它只是教学生涯中的惊鸿一瞥,无法从根本上改变教育生态。唯有沉下心来,慢慢地、静静地做自己的课程,才有可能小范围改变教育。

如此,静默课堂,宛若一朵千瓣莲花,静静绽放。

万物静默如斯,课堂静默如谜。

结尾戛然而止,给人思索空间。

这样的随笔,它有没有在记录一件具体的事情?没有。它只是在记录脑海里的一些想法,看到某一些现象引发自己的思考,借用别人的一些观点和例子,来阐释对安静课堂的向往,对浮躁课堂的批判。是不是一篇非常有意思的随笔?

随笔是比较轻灵的、轻巧的、轻盈的、洒脱的,但又可以是有深度的。它跟散文不一样,散文有可能是写人抒情的,但随笔一般是阐释内心的一些感受和观点。随笔的特点是"随""真""常",随意随性、真实真诚、常态常理,但又写出新意来。

2. 叙事

叙事就是讲故事,深圳的周彩霞老师曾经写过一篇《父亲》:

我的父亲,是农民。面朝黄土,背朝天,靠几亩薄田和打零工养活我们一家人。

　　身为农民，他身体瘦弱，干活没力气。

　　从我记事起，每年农忙，他都会因劳累过度而生病。挂针、吃药，短暂休息又开始忙活，早出晚归。

　　年年如此。

接下来，彩霞老师在文中讲了父亲的毛驴被偷走了、养猪损失了、父亲砸锅卖铁也要送"我"上学，写得非常感人，呈现了一个质朴的、有担当的农村老人的形象。

你可以写一写自己名字的故事、小时候淘气的故事、尴尬的故事、高光时刻、灰暗时分、与朋友的故事、磨课的故事、减肥的故事、学车的故事、超越自我的故事、职初受挫记、旅途故事、家族的故事、恶作剧……这些故事都可以写下来，你甚至可以为家族写一本家族史。

也许有些经历让你很受伤，不敢面对、不敢写，但是当你真正写了之后，你会释怀。你小时候受过的伤害，通过文字宣泄了出来。宣泄了之后，你的内心会很平静，就相当于痛痛快快地哭了一场。

文字，具有神奇的疗愈作用。我曾经说过，写作是做自己的心理按摩师，你通过写作，疗愈自我，你让自己流泪了，你有可能就康复了。写出来，痛痛快快哭一场，文字真的能够拯救我们，它是我们的知心朋友。写作，能修好一颗心啊！

3. 札记

札记就是三言两语的一种随记，比如说，你读了祖庆老师的《教育可以不同》，摘录一些句子，点评一下，这个就是札记；你看一部电影，这部电影当中，最亮眼的是什么，最失败的是什么，随机地写下来，这就是札记。

破解"不知道怎么写"的魔障

我们平时的写作，大概都会经历这样的过程：

列提纲—起草—编辑—修改—拟题—预览—发布—互动。

1. 列提纲

列提纲，有几种方法。

第一种：大标题＋小标题（结构化写作）。

以《毛毛——时间窃贼和一个小女孩的不可思议的故事》为例。

第一部分，这本书主要讲的什么？第二部分，这本书中的几个主角；第三部分，关于时间花的秘密。三个主标题出来了。

第二部分，《毛毛》这本书中的几个主角，清道夫、老贝波、吉吉、毛毛，你可以把这几个人的名字列出几个小标题来。

然后关于时间花的秘密，你又可以列出几个小标题：时间究竟是什么？我们如何珍惜时间？等等。

大标题下边配几个小标题。这样的文章，最容易让读者把握主要内容。你的文章如果是模模糊糊一大片的话，读者就无法结构化把握你的内容要点。

第二种：思维导图提纲（略）。

第三种：关键词（句）提纲。

这篇文章围绕着哪几个关键句来写？你先把几个关键句、关键词写下来，然后往下写就可以了。

第四种：无纲之纲，意到笔随（适用于写故事）。

这个故事本身就在你心里，你就不需要列提纲，这叫无纲之纲，意到笔随。

2. 起草

提纲列好了之后，开始写草稿。写草稿有三个关键词：定时完成、一气呵成、延时发布。这三个关键词非常重要。

第一，定时完成。

为什么要定时完成呢？因为时间是有限的，写作之前，估计一下写这篇文章大概需要几个小时，如果是3小时，那你就要把闹钟定好，写作过程中尽量把手机设置为免打扰或者静音。有时候我会在社群里跟群友们说，到8点钟我会把这篇文章写好，你们等着，万一迟了，我会发红包。结果很多群友都在群里等啊等啊，但一般我都会提前一两分钟准时发出来。这是逼自己快速构思，快速成文，训练自己思维的敏捷性。这一招非常管用。

第二，一气呵成。

写作尽量不要中断，除非你工作特别忙。一气呵成，文章自会文气贯通。大家有没有这样的经历？你写了一篇文章，忘记保存，再写的时候灵感就找不到了。

第三，延时发布。

写文章，你是带着一定的情绪、情感在写的，思虑会不够缜密。我一般会过一天或者过几个小时再读一遍，发现有很多需要修改的地方。细改后再发，会少一些纰漏。

3. 编辑

我始终觉得，任何一篇爆文，任何一篇被很多人关注的文章，肯定因为内容写得好，引发了读者共鸣，读者才愿意转发。所以，像写微信公众号文章时，大家一定要记住：关键是内容；版式尽量简单。微信公众号文章，我常规的编辑规范是这样的：

左右缩进 16

字体大小 16

行间距 1.75

段首不空两格

分段空一行

我们的精力一定要用在内容上，而不是花在版式上。

现在我要敲黑板，重点来了：公众号文章要多分段！多分段！多分段！

因为手机屏幕很窄，长长的一段话会把人读晕的。三四句话分一段，这样的阅读感才好。

4. 修改

（1）开头结尾

第一段（第一句）能吸引读者的注意力吗？

作品整体架构如何？入题太快还是太慢，或者结束得太突兀还是太拖沓？

开头和结尾匹配吗？有没有伏笔和过渡？

结尾是画龙点睛，还是狗尾续貂？

是封闭式结尾还是开放式结尾？结束后仍意犹未尽吗？

举例：《接住"恨意"，我是你的"彩虹制造机"》（文/易荣荣）

听说，教育很多时候是一厢情愿或自作多情。

军训时，孩子们席地休息。我开始试着认识新的面孔。一个女孩自我介绍时，我随口说了一句："我还以为是个男孩呢！"

谁知那个短发的女生极其不满地瞪了我一眼，愤愤地说："老师，我恨你一辈子！"

我的心咯噔一下，一语之失，后劲这么大？

这篇文章写得非常好，开头寥寥数语就把我们的心给抓住了：这个女孩为什么会这样？

然后是第二部分：

第二天下午，她所在的纵队留下她一人，重新操练。我走过去安慰她：

"没事，多练练。"她没说什么，点点头。过一会儿，她也休息了。我又走过去，发现她一脸泪痕。

　　"这么点事，没必要吧？"我不以为然。

　　她却咬着牙说："我恨他一辈子！"

　　我不解地问："至于吗？"

　　"让我一个人罚站，还那样说我，真是奇耻大辱！"她说。

正当我们以为作者要解开谜团的时候，第二个谜团又来了。
这两段话一下子就把我们吸引住了，太棒了。
（2）描写（人物性格及场景设定）
每个场景设定都有助于故事发展吗？
描写是否生动、独特？能否打动人？
人物形象生动鲜活吗？
好，我们用这样的标准去衡量易老师的故事，我们继续往下读：

　　一晃一个多月过去了。对她，我简直无计可施。

　　那天，我批评一个男生，用的是温言软语，他却哭了。她巴巴地等我放学，跟在我身后，警告我说："老师，他一辈子也忘不了你！"我辩解说："我是好意。"她忿忿地说："那不一定。你就是毒舌！"

　　她走了，我面红耳赤。

　　哼，这个可恶的"乌云制造机"，不叫我一天好心情！

　　黑暗中，我向着空气伸出双手，试一试，能不能接住她铺天盖地的恨意。

　　直到那一天，放学了，我坐在讲台上，只觉得腰酸背痛。她从我身后走过，停住了。一双小手迟疑着搭在了我肩上。接着，它轻轻按住我的肩颈部，开始揉捏起来。我舒服地闭上眼睛，感觉这幸福来得太突然了。

　　"谢谢你！"我轻声对她说。真想抱抱她，把我一天中最后一点能量传递给她。

"以前，我们也这样给小学老师按过，"她说，"可她还是不喜欢我。我恨她。"

天哪，正当我们以为这个孩子马上要转变了，又一个非常有意思的场景出现，让我们不禁去想，这个孩子童年到底发生了什么，居然会如此恨别人？

易老师真是写故事的高手，寥寥数笔，画面感强，场景设计棒，现场感的描写生动独特，人物形象鲜活。

（3）语言表达

是否文从字顺？

句子是否冗长、拖沓？有无不知所云的句子？

有无错别字或者错误的标点？

我们写文章的时候，有些人喜欢在感情强烈的时候，加很多感叹号。其实我建议大家写文章的时候尽量少用感叹号，情感应该让读者去体会。比如易老师的这篇文章：语言精练，三言两语，栩栩如生，画面感、节奏感强，基本不需要改。

5. 拟题

文章标题要在一秒钟内抓住人。

所以，标题不宜太长，否则信息不集中，给读者造成干扰。更多的信息可以编辑在文章里，或者文章末尾，或者文章开头。

拟题也要进行训练。我们在平常写文章的时候，尽量写出三个题目，三选一，反复斟酌。久而久之，我们对标题的敏感度就提升了。

6. 预览

文章编辑完毕后，可以先生成预览，发送给自己或者朋友看，无误后，再正式发布。发布之后如果有读者留言，要与其互动。

成为写作高手的五条箴言

第一条，七分阅读三分写。写得不好的唯一原因是高质量的书读得太少。

第二条，模仿起步，致敬写作，走向创造。如果看到一些大作家的文章写得很好，你可以仿写。比如汪曾祺有一篇文章叫《葡萄月令》，你可以写《甘蔗月令》《荸荠月令》《黄瓜月令》，模仿他的写法，致敬写作，走向创造。

第三条，写作的核心是思维。文字当然很重要，但是最重要的是你的视野和心智，它们决定文字的格局与格调。如果你对事物的认识抵达了本质，你的观点讲出来人家就喜欢，哪怕你的文笔差一点。《结构思考力》和《金字塔原理》这两本书就有助于使你的表达更有条理。记住，思维决定你文字的格局及格调，所以提升你的思考力很重要。

第四条，作家也有写作焦虑症。写不下去的时候，别硬写，读书去。比如微信公众号，不要纠结于日更，当你更不下去的时候，休更也是一种进步。否则，你是为写而写，意义不大。能更的时候更，不能更的时候停一下，亦可。

第五条，读伙伴的文章，常想假如我来写，偶尔真去写。特别关注点赞量很高的文章，不妨想一想，假如我也来写这个题目，我会怎么写？在看别人的文章的过程中，反观自己的文章，这也是一种学习。

【结束语】

写作，就是一个词语接一个词语，一个句子接一个句子。

写作，就是一只鸟接一只鸟，一棵树接一棵树，一片森林接一片森林。

你只要写，你只要飞，剩下的，交给旷野与时间！

也许你会说:"祖庆老师,你说的我都懂,但我就是没时间!"借用一句话,回答这个问题:

常人的问题,不是时间怎么管理,而在于决断。

——克里斯提娜·凯兹

当你觉得写作重要的时候,你一定会把写作这件事情,置于和呼吸一样重要的地位。你再忙,你会不呼吸吗?当你觉得写作重要的时候,你一定会把它摆在和吃饭同样重要的位置。你再忙,你会不吃饭吗?所以,"不是时间怎么管理,而在于决断"。

当你把写作、阅读、成长,当作你一生中最重要的事情的时候,这个写作课程,你一定会追到底,哪怕今天确实没空,也会回头继续学习。

教师的成长,不要去学雕虫小技,而要去学真正能够滋养自己一辈子的本领。阅读、写作、提升自己的内生力、专注力,让自己不断地产生一种飞翔感。

每一个小伙伴,都是那一只海鸥乔纳森(《海鸥乔纳森》一书的主角),飞翔就是你的使命,持续飞翔,不断突破,去带动更多的海鸥飞向远方。

后记

这是一本动态生成的演讲录，也是一次集体力量的大凝聚。

2023年开始，我在谷里云平台开设了"谷里写作营"。这个写作营，面向所有愿意学习写作的成人，以"在线直播＋社群点评＋推荐发表"的方式，致力于提升教师、家长的写作水平。写作营开办一年半，据不完全统计，近万名学员参与。参训学员一个个热情高涨，专注听课、勤奋写作、刻苦读书，一篇篇佳作，经由"祖庆说""谷里书院"微信公众号的转载，被更多编辑看到，进而发表、出版。据不完全统计，写作营开办以来，近五百篇文章正式发表，十多本专著顺利出版。很多老师由此改变了自己的行走方式，成长为当地的骨干、名师。

我在"谷里写作营"第四季的结营仪式上，深有感慨地和学员们说——

我真的没有想到，我生命中最黄金的年华，会以这样的方式，深度卷入教育，找到真正有价值的培训。我以为，真正有价值的培训，一定是让培训主体自我觉醒的培训。唯有灵魂觉醒，认知觉醒，人才能真正成长。

而写作，是抵达觉醒的绝佳途径。通过写作，梳理内心世界；通过写作，发现认知局限；通过写作，啃读海量经典；通过写作，反哺教育教学。写作不是万能的，但一旦找到这个路径，你会发现，你的教育生命，好像一下子通达了。写作，让我们堂堂正正地站立于天地之间。当我们真正成长了，站立了，就会全方位悦纳自我。我，就是这个世界的唯一，我不需要得到官方的认证，我不需要得到任何人的肯定。我是唯一。我不存在，天地与我何干！

真正地悦纳自我，就会心生法喜。抖落一身枷锁，遨游天地之间。

这样的境界，虽不能至，心向往之。

学员黄剑敏老师说："谷里写作营，让更多的一线老师受益，确实是件很了不起的事。这是一种良性的成长，很快乐，也很幸福。"学员陈秀丹老师说："卷入式培训，让我们有平台，有项目，每个人都能更好地成长。"

这本书，就是由我在四季写作营的系列讲座汇编而成。

这是一本说出来的书，也是大家共同整理出来的书。

不少听课的老师，参与了初稿的整理。他们不厌其烦，逐字逐句听记，逐句逐段修改。从口语转化成书面语，这不是一般的困难。有时，比直接写还要困难。向这些整理的老师致敬！他们是肖厚明、李庆果、申芸霜、李珍、张亮华、廖永艳、曾亚群、董佩佩、曾恋、陈王芬、张鑫、符兰兰、黄剑敏、刘在丽、苏盛、郑爽爽、李海波、叶水华、陈秀丹、温柳云、宋庆、张羽轩。

在初稿整理的基础上，谷里写作营杰出学员、第三第四季写作营助理导师张羽轩老师，承担起了书稿第一度统稿的任务。她对书中不少重复、疏漏、冗余以及表达不清的地方，做了大刀阔斧的删减或添加。她的劳作，让稿子更接近于书的样子。谨向羽轩表达深深的谢意。

推荐书单：

祖庆老师推荐给一线教师的450本好书

中国古典文学：

1. 《红楼梦》曹雪芹
2. 《白先勇细说红楼梦》白先勇
3. 《马瑞芳品读红楼梦》马瑞芳
4. 《金瓶梅》兰陵笑笑生
5. 《聊斋志异》蒲松龄
6. 《史记》司马迁
7. 《史记的读法》杨照
8. 《世说新语》刘义庆
9. 《论语》孔子及其弟子
10. 《论语译注》杨伯峻
11. 《老子》老子
12. 《老子译注》陈剑
13. 《庄子》庄周
14. 《孟子》孟子
15. 《山海经》方韬
16. 《牡丹亭》汤显祖
17. 《西厢记》王实甫
18. 《水浒传》施耐庵
19. 《水浒传·金圣叹批评本》金圣叹
20. 《鲍鹏山新说〈水浒〉》鲍鹏山
21. 《古文观止》吴楚材 吴调侯
22. 《〈古文观止〉化读》王鼎钧
23. 《西游记》吴承恩
24. 《人间词话》王国维
25. 《浮生六记》沈复
26. 《老残游记》刘鹗
27. 《陶庵梦忆》张岱
28. 《西湖梦寻》张岱
29. 《唐诗杂论》闻一多
30. 《宋词赏析》沈祖棻

31.《诗论》朱光潜

32.《再见那闪耀的群星：唐诗二十家》景凯旋

33.《驼庵诗话》顾随 叶嘉莹

34.《唐诗选》马茂元

35.《宋诗选注》钱锺书

36.《唐诗三百年》黄天骥

37.《盛唐诗》〔美〕宇文所安

38.《叶嘉莹说中晚唐诗》叶嘉莹

39.《人间词话七讲》叶嘉莹

40.《唐宋词十七讲》叶嘉莹

41.《诗人十四个》黄晓丹

中国现当代文学：

42.《野草》鲁迅

43.《故事新编》鲁迅

44.《围城》钱锺书

45.《边城》沈从文

46.《呼兰河传》萧红

47.《倾城之恋》张爱玲

48.《活着》余华

49.《许三观卖血记》余华

50.《古船》张炜

51.《额尔古纳河右岸》迟子建

52.《应物兄》李洱

53.《一个人的村庄》刘亮程

54.《受戒》汪曾祺

55.《丰乳肥臀》莫言

56.《透明的红萝卜》莫言

57.《白鹿原》陈忠实

58.《大地上的事情》苇岸

59.《雷雨》曹禺

60.《我与地坛》史铁生

61.《病隙碎笔》史铁生

62.《苏东坡传》林语堂

63.《我们仨》杨绛

64.《雅舍小品》梁实秋

65.《棋王 树王 孩子王》阿城

66.《沉默的大多数》王小波

67.《巨流河》齐邦媛

68.《王鼎钧回忆录四部曲》王鼎钧

69.《阿勒泰的角落》李娟

外国经典文学：

70.《卡拉马佐夫兄弟》〔俄罗斯〕陀思妥耶夫斯基

71.《罪与罚》〔俄罗斯〕陀思妥耶夫斯基

72.《莎士比亚四大悲剧》〔英〕莎士比亚

73.《荷马史诗》〔古希腊〕荷马

74.《浮士德》〔德〕歌德
75.《神曲》〔意〕但丁
76.《百年孤独》〔哥伦比亚〕加西亚·马尔克斯
77.《静静的顿河》〔苏〕米哈伊尔·肖洛霍夫
78.《霍乱时期的爱情》〔哥伦比亚〕加西亚·马尔克斯
79.《战争与和平》〔俄罗斯〕列夫·托尔斯泰
80.《安娜·卡列尼娜》〔俄罗斯〕列夫·托尔斯泰
81.《城堡》〔奥地利〕弗兰兹·卡夫卡
82.《呼啸山庄》〔英〕艾米莉·勃朗特
83.《悉达多》〔德〕赫尔曼·黑塞
84.《德米安》〔德〕赫尔曼·黑塞
85.《失明症漫记》〔葡〕若泽·萨拉马戈
86.《鼠疫》〔法〕阿尔贝·加缪
87.《局外人》〔法〕阿尔贝·加缪
88.《追忆似水年华》〔法〕M.普鲁斯特
89.《红与黑》〔法〕司汤达
90.《1984》〔英〕乔治·奥威尔
91.《月亮与六便士》〔英〕毛姆
92.《刀锋》〔英〕毛姆
93.《契诃夫短篇小说选》〔俄罗斯〕契诃夫
94.《欧·亨利短篇小说选》〔美〕欧·亨利
95.《海明威短篇小说选》〔美〕欧内斯特·海明威
96.《猎人笔记》〔俄罗斯〕屠格涅夫
97.《金蔷薇》〔俄罗斯〕帕乌斯托夫斯基
98.《傲慢与偏见》〔英〕简·奥斯丁
99.《飘》〔美〕玛格丽特·米切尔
100.《第22条军规》〔美〕约瑟夫·海勒
101.《丰饶之海》〔日〕三岛由纪夫
102.《吉檀迦利》〔印〕泰戈尔
103.《瓦尔登湖》〔美〕亨利·戴维·梭罗
104.《沙乡年鉴》〔美〕奥尔多·利奥波德
105.《林中水滴》〔俄罗斯〕普里什文
106.《杀死一只知更鸟》〔美〕哈珀·李
107.《不能承受的生命之轻》〔法〕米兰·昆德拉
108.《不朽》〔法〕米兰·昆德拉
109.《了不起的盖茨比》〔美〕F.S.菲兹杰拉德
110.《罗生门》〔日〕芥川龙之介
111.《堂吉诃德》〔西班牙〕塞万提斯
112.《人类群星闪耀时》〔奥〕斯蒂芬·茨威格
113.《约翰·克里斯朵夫》〔法〕罗曼·罗兰
114.《追风筝的人》〔美〕卡勒德·胡赛尼
115.《你当像鸟飞往你的山》〔美〕塔拉·韦斯特弗
116.《肖申克的救赎》〔美〕斯蒂芬·埃德温·金
117.《项塔兰》〔澳大利亚〕格里高利·大卫·罗伯兹
118.《盲刺客》〔加〕玛格丽特·阿特伍德
119.《英国病人》〔加〕迈克尔·翁达杰
120.《长日将尽》〔英〕石黑一雄
121.《命令已经执行》〔意〕亚历山德罗·波尔泰利
122.《五号屠场》〔美〕库尔特·冯内古特
123.《所有我们看不见的光》〔美〕安东尼·多尔

124.《二手时间》〔白俄〕S.A.阿列克谢耶维奇

125.《红字》〔美〕纳撒尼尔·霍桑

126.《老人与海》〔美〕欧内斯特·海明威

127.《先知》〔黎巴嫩〕纪伯伦

128.《沙与沫》〔黎巴嫩〕纪伯伦

129.《人间食粮》〔法〕安德烈·纪德

130.《风沙星辰》〔法〕圣埃克苏佩里

131.《给青年诗人的十封信》〔奥地利〕莱内·马利亚·里尔克

中外文学史：

132.《中国文学史》袁行霈

133.《中国文学史》钱穆

134.《中国文学史新著》章培恒 骆玉明

135.《文学回忆录》木心

136.《中国现代小说史》夏志清

137.《剑桥中国文学史》〔美〕孙康宜〔美〕宇文所安

138.《哥伦比亚中国文学史》〔美〕梅维恒

139.《哈佛新编中国现代文学史》王德威

140.《中国文学课》陈思和 郜元宝 张新颖等

141.《阅读经典：美国大学的人文教育》徐贲

142.《西方正典：伟大作家和不朽作品》〔美〕哈罗德·布鲁姆

143.《为什么读经典》〔意〕伊塔洛·卡尔维诺

教师阅读地图：

144.《教师阅读漫谈》魏智渊

145.《读书是教师最好的修行》常生龙

146.《给教师的阅读建议》闫学

147.《迷人的阅读——10位名师的秘密书架》朱煜

148.《插花地册子》止庵

149.《学以致用的教师阅读》王春易

儿童文学：

150.《小王子》〔法〕圣埃克苏佩里

151.《夏洛的网》〔美〕E.B.怀特

152.《小银和我》〔西〕胡安·拉蒙·希梅内斯

153.《牧羊少年奇幻之旅》〔巴西〕保罗·柯艾略

154.《窗边的小豆豆》〔日〕黑柳彻子

155.《布鲁克林有棵树》〔美〕贝蒂·史密斯

156.《汤姆·索亚历险记》〔美〕马克·吐温

157.《爱德华的奇妙之旅》〔美〕凯特·迪卡米洛

158.《麦田里的守望者》〔美〕J.D.塞林格

159.《夜莺与玫瑰》〔英〕奥斯卡·王尔德

160.《爱丽丝漫游奇境记》〔英〕刘易斯·卡罗尔
161.《鲁滨逊漂流记》〔英〕丹尼尔·笛福
162.《动物庄园》〔英〕乔治·奥威尔
163.《假话国历险记》〔意〕贾尼·罗大里
164.《德国，一群老鼠的童话》〔德〕费尔曼
165.《记忆传授人》〔美〕洛伊丝·劳里
166.《海鸥乔纳森》〔美〕理查德·巴赫
167.《特别的女生萨哈啦》〔美〕爱斯米·科德尔
168.《毛毛》〔德〕米切尔·恩德
169.《永远讲不完的故事》〔德〕米切尔·恩德
170.《永远讲不完的童话》〔德〕米切尔·恩德

中外经典随笔及学术经典：

171.《中国人的性格》〔美〕明恩溥
172.《人生的智慧》〔德〕叔本华
173.《人生有何意义》胡适
174.《活出不羁人生》〔美〕迈克·A.辛格
175.《自尊的六大支柱》〔美〕纳撒尼尔·布兰登
176.《佛陀传》一行禅师
177.《理想国》〔古希腊〕柏拉图
178.《忏悔录》〔法〕让-雅克·卢梭
179.《一个孤独的散步者的梦》〔法〕让-雅克·卢梭
180.《论法的精神》〔法〕孟德斯鸠
181.《历史深处的忧虑》林达
182.《我也有一个梦想》林达
183.《带一本书去巴黎》林达
184.《送你一颗子弹》刘瑜
185.《往事与随想》〔俄罗斯〕赫尔岑
186.《爱的艺术》〔美〕艾里希·弗洛姆
187.《我的精神家园》王小波
188.《蒙田随笔》〔法〕蒙田
189.《沉思录》〔古罗马〕马可·奥勒留
190.《E.B.怀特随笔》〔美〕E.B.怀特
191.《道德书简》〔古罗马〕塞涅卡
192.《世上漫相识》颜炼军
193.《古典之殇》王开岭
194.《精神明亮的人》王开岭
195.《中国美学十五讲》朱良志
196.《曲院风荷：中国艺术论十讲》朱良志
197.《君主论》〔意〕尼科洛·马基雅维利
198.《国富论》〔英〕亚当·斯密
199.《国富国穷》〔美〕戴维·S.兰德斯
200.《物种起源》〔英〕查尔斯·达尔文
201.《论自由》〔英〕约翰·密尔
202.《通往奴役之路》〔英〕弗里德里希·奥古斯特·冯·哈耶克

哲学基础：

203.《逻辑哲学论》〔英〕维特根斯坦

204.《哲学的故事》〔美〕威尔·杜兰特

205.《哲学的慰藉》〔英〕阿兰·德波顿

206.《西方哲学史》〔英〕伯特兰·罗素

207.《中国哲学简史》冯友兰

208.《中国哲学十九讲》牟宗三

209.《苏菲的世界》〔挪威〕乔斯坦·贾德

210.《薄伽梵歌》〔古印度〕毗耶娑

211.《神话的力量：在诸神与英雄的世界中发现自我》〔美〕约瑟夫·坎贝尔 〔美〕比尔·莫耶斯

212.《打开：周濂的100堂西方哲学课》周濂

213.《金刚经》鸠摩罗什

214.《哲学起步》邓晓芒

历史：

215.《万历十五年》黄仁宇

216.《中国近代史》蒋廷黻

217.《追寻现代中国》〔美〕史景迁

218.《光荣与梦想》〔美〕威廉·曼彻斯特

219.《国史大纲》钱穆

220.《中国通史》吕思勉

221.《袁氏当国》唐德刚

222.《帝国的回忆：〈纽约时报〉晚清观察记》郑曦原

223.《潜规则：中国历史中的真实游戏》吴思

224.《1901年：一个帝国的背影》王树增

225.《人类简史：从动物到上帝》〔以色列〕尤瓦尔·赫拉利

226.《万古江河：中国历史文化的转折与发展》许倬云

227.《枪炮、病菌与钢铁》〔美〕贾雷德·戴蒙德

228.《大地中国》韩茂莉

心理学与自我修炼：

229.《荣格自传：回忆、梦与思考》〔瑞士〕荣格

230.《终身成长：重新定义成功的思维模式》〔美〕卡罗尔·德韦克

231.《了不起的我：自我发展的心理学》陈海贤

232.《自卑与超越》〔奥〕阿尔弗雷德·阿德勒

233.《少有人走的路：心智成熟的旅程》〔美〕M.斯科特·派克

234.《为何家会伤人》武志红

235.《遇见未知的自己》张德芬

236.《社会心理学》〔美〕戴维·迈尔斯

237.《人格心理学》〔美〕伯格
238.《组织行为学》〔美〕斯蒂芬·罗宾斯
239.《思考,快与慢》〔美〕丹尼尔·卡尼曼
240.《乌合之众:大众心理研究》〔法〕古斯塔夫·勒庞
241.《恩宠与勇气:超越死亡》〔美〕肯·威尔伯
242.《自我边界》〔澳〕乔治·戴德
243.《恰到好处的安慰》〔美〕凯尔西·克罗〔美〕埃米莉·麦克道尔
244.《自我关怀的力量》〔美〕克里斯廷·内夫
245.《冷暴力》〔法〕玛丽-弗朗斯·伊里戈扬
246.《被讨厌的勇气》〔日〕岸见一郎 〔日〕古贺史健
247.《幸福的勇气》〔日〕岸见一郎 〔日〕古贺史健
248.《最小阻力之路》〔美〕罗伯特·弗里茨

249.《心理营养:林文采博士的亲子教育课》〔马来西亚〕林文采 伍娜
250.《非暴力沟通》〔美〕马歇尔·卢森堡
251.《为自己思考:终身成长的底层逻辑》〔美〕奥赞·瓦罗尔
252.《顺应心理,孩子更合作》维尼老师
253.《象与骑象人:幸福的假设》〔美〕乔纳森·海特
254.《千面英雄》〔美〕约瑟夫·坎贝尔
255.《与内心的小孩对话:如何治愈你的童年创伤》〔美〕金伯利·罗斯 〔美〕弗雷达·弗兰德曼
256.《与内心的恐惧对话:摆脱来自亲人的负能量》〔美〕保罗·梅森 〔美〕兰迪·克莱格
257.《认知觉醒》周岭

家庭教育:

258.《家庭教育与父母教育》陈鹤琴
259.《父母的觉醒》〔美〕沙法丽·萨巴瑞
260.《家庭的觉醒》〔美〕沙法丽·萨巴瑞
261.《发现儿童》〔意〕玛利亚·蒙台梭利
262.《有吸收力的心灵》〔意〕玛利亚·蒙台梭利
263.《从尿布到约会》〔美〕黛布拉·W.哈夫纳
264.《父母是最艰巨的工作》〔美〕劳拉·高尔德 〔美〕马尔科姆·高尔德

265.《孩子是个哲学家》〔意〕皮耶罗·费鲁奇
266.《如何说孩子才会听,怎么听孩子才肯说》〔美〕阿黛尔·法伯 〔美〕伊莱恩·玛兹丽施
267.《青春期关键对话:如何与你的孩子无话不谈》〔美〕米歇尔·伊卡德
268.《养育男孩》〔澳〕史蒂夫·比达尔夫
269.《养育女孩》〔澳〕史蒂夫·比达尔夫
270.《男孩青春期成长指南》〔美〕斯科

特·托德内姆

271.《女孩青春期成长指南》〔美〕索尼娅·蕾妮·泰勒

272.《屏幕时代，重塑孩子的自控力》〔加〕希米·康

273.《孩子，把你的手给我》〔美〕海姆·G.吉诺特

274.《孩子的宇宙》〔日〕河合隼雄

275.《孩子与恶》〔日〕河合隼雄

276.《家庭的牵绊》〔日〕河合隼雄

277.《原生家庭：如何修补自己的性格缺陷》〔美〕苏珊·福沃德 〔美〕克雷格·巴克

278.《情感勒索》〔美〕苏珊·福沃德

279.《孩子：挑战》〔美〕鲁道夫·德雷克斯

280.《父母：挑战》〔美〕鲁道夫·德雷克斯

281.《婚姻：挑战》〔美〕鲁道夫·德雷克斯

282.《教师：挑战》〔美〕鲁道夫·德雷克斯

283.《正面管教》〔美〕简·尼尔森

284.《生命的礼物：关于爱、死亡及存在的意义》〔美〕欧文·D.亚隆 〔美〕玛丽莲·亚隆

285.《园丁与木匠》〔美〕艾莉森·高普尼克

286.《孩子是如何学习的》〔美〕约翰·霍特

287.《培养孩子就是培养大脑》〔日〕成田奈绪子

288.《与原生家庭和解》〔瑞士〕爱丽丝·米勒

289.《我从彩虹那边来：如何养育0至7岁的孩子》〔美〕芭芭拉·帕特森 〔美〕帕梅拉·布莱德

290.《游戏力：笑声，激活孩子天性中的合作与勇气》〔美〕劳伦斯·科恩

291.《智慧妈妈的聊天魔法》粲然

292.《高手父母》魏智渊

儿童哲学：

293.《哲学与幼童》〔美〕加雷斯·B.马修斯

294.《与儿童对话》〔美〕加雷斯·B.马修斯

295.《童年哲学》〔美〕加雷斯·B.马修斯

296.《儿童精神哲学》刘晓东

脑与阅读：

297.《脑与阅读》〔法〕斯坦尼斯拉斯·迪昂

298.《脑与数学》〔法〕斯坦尼斯拉斯·迪昂

299.《精准学习》〔法〕斯坦尼斯拉斯·迪昂

300.《脑与意识：破解人类思维之谜》〔法〕斯坦尼斯拉斯·迪昂

教育理论：

301.《教育的目的》〔英〕艾尔弗雷德·诺思·怀特海

302.《教育就是解放心灵》〔印度〕克里希那穆提

303.《马文·柯林斯的教育之道》〔美〕马文·柯林斯 〔美〕希维娅·塔玛金

304.《爱弥儿》〔法〕让－雅克·卢梭

305.《教育漫话》〔英〕约翰·洛克

306.《大教学论》〔捷〕夸美纽斯

307.《教学过程最优化》〔苏〕尤·克·巴班斯基

308.《静悄悄的革命》〔日〕佐藤学

309.《罗素论教育》〔英〕伯特兰·罗素

310.《夏山学校》〔英〕A.S.尼尔

311.《童年的消逝》〔美〕尼尔·波兹曼

312.《娱乐至死》〔美〕尼尔·波兹曼

313.《陶行知教育名篇》陶行知

314.《民主主义与教育》〔美〕约翰·杜威

315.《我们怎样思维·经验与教育》〔美〕约翰·杜威

316.《教育的情调》〔加〕马克斯·范梅南

317.《教学机智：教育智慧的意蕴》〔加〕马克斯·范梅南

318.《给教师的建议》〔苏〕苏霍姆林斯基

319.《帕夫雷什中学》〔苏〕苏霍姆林斯基

320.《0-8岁儿童纪律教育》〔美〕玛乔丽·菲尔茨 〔美〕帕特里夏·梅里特 〔美〕德博拉·菲尔茨

321.《奖励的恶果》〔美〕艾尔菲·科恩

322.《儿童的人格教育》〔奥〕阿尔弗雷德·阿德勒

323.《人是如何学习的》〔美〕约翰·D.布兰思福特等

324.《玩耍是最认真的学习》〔美〕彼得·格雷

325.《学校无分数教育三部曲》〔苏〕阿莫纳什维利

326.《教学勇气：漫步教师心灵》〔美〕帕克·帕尔默

327.《教海漫记》于永正

328.《破译教育密码》干国祥

班级管理：

329.《你的第一年：新教师如何生存和发展》〔美〕托德·威特克尔 〔美〕玛德琳·威特克尔 〔美〕凯瑟林·威特克尔

330.《优秀是教出来的》〔美〕罗恩·克拉克

331.《教师的沟通力》〔日〕三好真史

332.《班主任，可以做得这么有滋味》郑英

333.《做一个老练的新班主任》熊华生

334.《班主任工作中的心理效应》刘儒德

335.《班主任工作十讲》陈宇
336.《问题学生诊疗手册》王晓春
337.《教师临场应对实用技巧》董一菲

自我精进：

338.《精进：如何成为一个很厉害的人》采铜
339.《暗时间》刘未鹏
340.《高效能人士的七个习惯》〔美〕史蒂芬·柯维
341.《微习惯》〔美〕斯蒂芬·盖斯
342.《卓有成效的管理者》〔美〕彼得·德鲁克
343.《掌控习惯》〔美〕詹姆斯·克利尔
344.《活法》〔日〕稻盛和夫
345.《穷查理宝典》〔美〕彼得·考夫曼

儿童阅读推广与亲子沟通：

346.《世界儿童文学阅读与经典》彭懿
347.《世界图画书阅读与经典》彭懿
348.《关于人生，我所知道的一切都来自童书》陈赛
349.《文心雕虎全编》刘绪源
350.《相信童话》梅子涵
351.《朗读手册》〔美〕吉姆·崔利斯
352.《为爱朗读》〔韩〕金仁子
353.《准备》〔美〕黛安娜·塔文纳
354.《稻草人的头，铁皮人的心，狮子的勇气》〔美〕帕特拉什
355.《故事知道怎么办：如何让孩子有令人惊喜的改变》〔澳〕苏珊·佩罗
356.《童书里的教育学》徐莉
357.《说来听听：儿童、阅读与讨论》〔英〕艾登·钱伯斯
358.《打造儿童阅读环境》〔英〕艾登·钱伯斯
359.《和孩子聊书吧》蒋军晶
360.《儿童文学的乐趣》〔加〕佩里·诺德曼 〔加〕梅维丝·雷默
361.《儿童文学小论》周作人
362.《儿童文学的三大母题》刘绪源
363.《浅语的艺术》林良
364.《阅读的力量》〔美〕斯蒂芬·克拉生
365.《小学语文儿童文学教学法》朱自强
366.《欢欣岁月》〔加〕李利安·H.史密斯
367.《升维阅读》〔美〕玛丽安娜·沃尔夫
368.《儿童读写三十讲》魏智渊

语文教学理论与古汉语修养：

369.《叶圣陶语文教育论集》叶圣陶
370.《语文：表现与存在》潘新和
371.《修辞学发凡》陈望道
372.《经典常谈》朱自清
373.《汉字王国》〔瑞典〕林西莉
374.《汉字百话》〔日〕白川静
375.《细说汉字》左民安
376.《白鱼解字》流沙河
377.《中国文字学》唐兰
378.《甲骨文小字典》说词解字辞书研究中心
379.《语言学的邀请》〔美〕塞缪尔·早川 〔美〕艾伦·早川
380.《文字学概要》裘锡圭
381.《黎锦熙语文教育论著选》黎锦熙
382.《语文常谈》吕叔湘
383.《张志公文集》张志公
384.《语感论》王尚文
385.《言语教学论》李海林
386.《语文言意论》李维鼎
387.《语文教育的心理学原理》韩雪屏
388.《语文科课程论基础》王荣生
389.《中国古代阐释学研究》周裕锴
390.《中国古典解释学导论》周光庆
391.《文章讲话》夏丏尊 叶圣陶

文本细读与课堂实录：

392.《诗词例话》周振甫
393.《小说例话》周振甫
394.《统编语文教材与文本解读》詹丹
395.《名作细读》孙绍振
396.《月迷津渡：古典诗词个案微观分析》孙绍振
397.《文学文本解读学》孙绍振 孙彦君
398.《小说课》毕飞宇
399.《崧舟细讲文本》王崧舟
400.《义务教育课程标准〔2022年版〕课例式解读：小学语文》徐鹏
401.《文本解读与阅读教学讲谈》罗晓晖 冯胜兰
402.《语文文本解读实用教程》荣维东
403.《文本解读与语文教学新论》赖瑞云
404.《于永正课堂教学实录》于永正
405.《支玉恒语文教学艺术研究》施茂枝
406.《现在开始上语文课》薛法根
407.《给孩子上文学课》张学青
408.《童年不可错过的文学课》张祖庆
409.《统编小学语文优质课例与深度评析》王林波 吴忠豪
410.《语文的回归》陈国安

411.《文字味道》黄吉鸿

412.《小学语文统编教材的语用解读》刘仁增

教师写作力提升：

413.《谈文学》朱光潜

414.《怎样写作文》叶圣陶

415.《阅读与写作》夏丏尊 叶圣陶

416.《文章作法》夏丏尊 刘薰宇

417.《作文杂谈》张中行

418.《作文六书》王鼎钧

419.《完全写作指南》〔美〕劳拉·布朗

420.《作文课讲稿》王宜振

421.《王栋生作文教学笔记》王栋生

422.《写作教学教什么》王荣生

423.《交际语境写作》荣维东

424.《文学创作论》孙绍振

425.《写满字的空间》毕飞宇

426.《笨作文》林明进

427.《培养自然而然的写作力》林明进

428.《贾老师教作文》贾志敏

429.《从此爱上作文课》黄厚江

430.《于漪老师教作文》于漪

431.《吴立岗作文教学研究论集》吴立岗

432.《小学作文教学论》吴立岗

433.《文章自在》张大春

434.《真实写作教学研究》魏小娜

435.《高等写作思维训练教程》马正平

436.《写作教学内容新论》叶黎明

437.《写出我心》〔美〕娜塔莉·戈德堡

438.《我是一支爱写作的铅笔》〔美〕山姆·斯沃普

439.《写作课》〔美〕艾丽斯·马蒂森

440.《小学语文教学内容指要——写话·习作》吴忠豪

441.《创意写作书系》〔美〕克里斯·巴蒂等

442.《中美写作教学对话十五讲》曹勇军 傅丹灵

443.《我教儿子学作文》肖复兴

444.《故事思维》〔美〕安妮特·西蒙斯

445.《管建刚作文教学系列》管建刚

446.《写作魔法书》白铅笔

447.《名家名篇里的写作密码》张祖庆 邱慧芬

448.《作文敲敲门》蒋军晶

449.《卡片笔记写作法》〔德〕申克·阿伦斯

450.《于永正课堂教学实录Ⅱ：口语交际与习作教学卷》于永正